내 마음속
바람風

내 마음속 바람

초판 1쇄 발행 2025년 8월 29일

지은이 박광예
펴낸이 장길수
펴낸곳 지식과감성#
출판등록 제2012-000081호

교정 이주연
디자인 강샛별
편집 윤혜성
검수 정은솔, 정윤솔
마케팅 김윤길

주소 서울시 금천구 벚꽃로298 대륭포스트타워6차 1212호
전화 070-4651-3730~4
팩스 070-4325-7006
이메일 ksbookup@naver.com
홈페이지 www.knsbookup.com

ISBN 979-11-392-2769-7(03810)
값 12,000원

- 이 책의 판권은 지은이에게 있습니다.
- 이 책 내용의 전부 또는 일부를 재사용하려면 반드시 지은이의 서면 동의를 받아야 합니다.
- 잘못된 책은 구입하신 곳에서 바꾸어 드립니다.

지식과감성#
홈페이지 바로가기

내 마음속
바람 風

박광예 시집

시집을 내면서

　이 세상을 살아가면서 느끼는 것이 사람마다 다르다고 생각합니다. 모든 사람이 자기가 살아가는 혹은 살아온 삶 속에서 행동하고, 또한 여러 가지 일이 생겼을 때 헤쳐 나가는 방법이 매우 다양하니까요.

　어려선 내성적인 면이 많아 바라보는 태도에서 많은 일을 말하지 않고 마음에 담고 살아간 것 같습니다. 나는 말을 잘 안 하는 아이였답니다. 하지만 할 말이 없었던 건 아니랍니다. 그럴 때 하고 싶은 말을 일기나, 그 외 잡다한 글로 남기는 습관이 있었습니다. 그것이 많은 위안이 되었습니다.

　얼마 전 강가에 나가 산책하다 보니, 누군가 심어 놓은 널찍한 보리밭이 있었습니다. 강바람 결 따라 눕는 보리밭 길을 따라 걸어 보았습니다. 베잠방이 걸치시고 초록 밭에서 종일 일하시다, 옆길에서 바람 따라 내달리는 손녀 모습을 흐뭇하게 바라보시던 할아버지. 강바람 타고 시큼한 할아버지 냄새가 코에 와 닿았습니다. 가만있어도 자연스럽게 불러낸 동심의 마음속 바람 냄새. 보리를 키우자고 아이디어를 낸 그 마음이 내 마음이어서 감사했습니다.

　어른이 되면서 사회성이 발달하여 내 의견을 남에게 말로도 표현하지만, 내 마음의 깊은 대화를 할 수 있는 방법은, 아름다운 우리말을 통한 하소연을 노래처럼 읊조리며 마음을 표현하는 길이 있다는 걸 알았습니다. 어려서 동시나 시를 배우면서 가슴이 떨리고 감동되어 마음이 벅찼습니다. 생의 한가운데서 치열하게 살면서, 일부러 만들어 내는 것이라기보단 저절로 나오는 나만이 희로애락의 감정이 매우 많았습니다. 어느 날은 마음이 울적하고 아프니 푸념이 되어 시로 나왔고, 어느 날은 아름다운 풍경을 보고 감탄하여 예쁜 말이 시가 되어 나오기도 했습니다. 이렇게 되어서 나온 나의 시는 다듬어지지 않은 날것의 시어가 많지만, 내 감정에 충실해지려고 애썼고, 그것이 곧 나 자신이라고 생각합니다. 투박하지만 진실한 나만의 숨기고 싶은 세계를 열린 공간의 많은 사람들에게 공개하게 되어 부끄럽지만 내심 기쁘답니다.

    그간 써 온 시들을 읽어 보니 시 속에 내 평생의 흔적이 고스란히 남아 있음을 보았습니다. 젊어선 많은 갈등과 고뇌, 나이를 먹으면서 포용과 이해를 볼 수 있고, 또한 노년이 되어 접한 우리들의 고독한 감정이 그대로 나타나 있었습니다. 시란 곧 내 삶의 궤적이며 나 자신입니다.

    미흡하고 부족하지만, 고슴도치와 같은 생활 속에서 세상에 나올 수 있도록 손잡아 주고 올바른 시의 세계로 안내해 준 안윤희 작가님의 도움에 깊이 감사드립니다. 시는 일부러 짓는다기보다는 생활에서 저절로 나오는 감탄과 같은 것이기에, 내가 죽을 때까지 써야 할 우리들의 노래입니다. 여름날 태풍이 아우성치고, 비린 바닷바람 냄새가 벌써 내 마음속을 어루만지고 있답니다. 독자들의 응원과 여러분 모두의 시를 기다리며, 또한 건강을 기원합니다.

차례

시집을 내면서 _ 5

I. 내 인생의 사계절

1. 봄

봄 그것은 그리움 _ 15 / 목련꽃 필 때 _ 16 / 오월이 오면 _ 17
오월의 노래 _ 18 / 봄비 _ 19 / 흩날리는 꽃잎 _ 20 / 올해의 봄 _ 21
새봄 _ 23 / 백화 _ 24 / 봄의 향연 _ 25 / 봄이여 어서 오라 _ 26 / 풀잎 _ 27
나물하기 _ 28 / 봄 담은 눈 _ 30 / 늘 그대로의 봄 _ 32 / 봄과 약속 _ 33
봄 _ 34

2. 여름

달맞이꽃 _ 36 / 여름 바람 1 _ 37 / 여름 바람 2 _ 38 / 여름 바람 3 _ 39
6월이 다가오면 _ 40 / 유월의 노래 _ 41 / 금계국 필 때 _ 43 / 앵두 _ 44
매미 _ 45 / 상추 _ 46 / 빨래 _ 47

3. 가을

가을이 오는 소리 _ 49 / 삼키는 가을비 _ 50 / 춤추는 은행잎 _ 51
낙엽 비 _ 52 / 가을비 _ 53 / 낙엽 _ 54 / 어느 시월의 끝에서 _ 55
못다 운 가을비 _ 56 / 들국화 _ 57

4. 겨울

마지막 향연 _ 59 / 늦겨울 비 _ 60 / 설날의 야경 _ 61 / 첫눈 _ 62
허름한 점포 _ 63

Ⅱ. 가족과 함께한 삶 그리고 자연

1. 가족과 삶

아버지 _ 67 / 우리 엄마 _ 69 / 그냥 할머니 _ 71 / 청춘 _ 72
내 마음속 바람 냄새 _ 73 / 고백 1 _ 75 / 고백 2 _ 77 / 상추쌈 _ 79
늘 그 자리에서 _ 80 / 은혜의 웃음 _ 82 / 은혜 _ 83 / 아기꽃 _ 85
잃어버린 시절 _ 86 / 홀로 가는 길 _ 90 / 길 _ 92 / 신앙 고백 _ 93
빈 둥지 _ 95 / 자식 _ 97 / 인생의 후반전 _ 98 / 짝을 찾아서 _ 101
눈물 거두고 웃는 저 등대처럼 _ 103 / 오늘 _ 105 / 불면증 _ 107

2. 그리고 자연

달과 나 _ 109 / 어느 외딴 산골의 달 _ 110 / 달과 아파트 _ 111
추석의 달 _ 112 / 달빛 _ 114 / 붉은 달 _ 116 / 자작나무 이야기 _ 117
이어달리기 _ 118 / 석양 1 _ 119 / 석양 2 _ 120 / 닮은꼴 _ 121
고귀한 유산 _ 122 / 친구 된 꽃 _ 123 / 새벽 이야기 _ 124
억새는 말한다 _ 125 / 새벽 내음 _ 126 / 꽃과 김밥집 _ 127

Ⅲ. 애향, 애국의 마음으로

영릉에서 _ 131 / 꽃이 떨어진 자리 _ 133 / 고사목(枯死木) _ 135
나는야 고목 _ 136 / 그리운 고향 _ 137 / 시인의 언덕 _ 140
흐르는 강물처럼 _ 142 / 나는 대한민국 국민이로소이다 _ 143

Ⅳ. 버리지 못한 습작 노트(1999년 이전의 시)

책상 위의 한 송이 조화 _ 149 / 내 고향 학교에서 _ 151 / 시골 중학교 _ 152
무제 _ 154 / 고향의 여름 _ 155 / 감자밭의 비밀 _ 157 / 고독함으로 _ 158
외로움의 끝자락을 잡고 _ 160 / 단풍의 여로 _ 162 / 허무 _ 164
강변 위의 칸나 _ 165 / 암흑은 다시 시작되고 _ 166
저 동네를 가고 싶다 _ 167 / 봄 길 _ 168 / 아카시아 하얀 나라 _ 169
안개의 탄식 _ 170 / 짝 만나기 어려운 _ 171 / 개운못 가에서 _ 172
산봉우리와 구름 _ 174 / 거울 속 세상 _ 176 / 아직도 네가 나를 _ 177
학마을 순이 _ 178 / 안개는 내리고 _ 180 / 나의 비둘기 집 _ 181

I.
내 인생의 사계절

1. 봄

봄 그것은 그리움
목련꽃 필 때
오월이 오면
오월의 노래
봄비
흩날리는 꽃잎
올해의 봄
새봄
백화
봄의 향연
봄이여 어서 오라
풀잎
나물하기
봄 담은 눈
늘 그대로의 봄
봄과 약속
봄

봄 그것은 그리움

문득
지나가다 멈추고 바라본
하얗게 둘러싼
조팝꽃 담장 너머
아롱다롱 정겨운
정돈 잘된 양옥집이
먼 추억 속의 그리움으로

오늘로 도태(淘汰)한 채
도달되지 않는 그리움과
한없이 솟아나는
샘처럼 시린 눈물방울처럼
오늘도 추억 속의 데미안 되어
아프락사스의 새를 그리워한다

봄, 그것은 그리움
추억 속의 아련한 진달래 동심으로
서로 가장 아름다운 동경의 휘몰아치던
방황의 시절로
그리고 엇갈린 사랑 운명의 시간 속으로
안내하는 봄꽃들의 향연

봄, 그것은 정녕 그리움

봄은 아련한 아지랑이같이 그리움이 솟아나는 계절. 조팝나무 꽃이 피어나면, 우리들의 지나간 시절, 방황의 시절, 사랑의 시절이 기억 속에서 살아난다. 봄은 그리움을 품고 있는 계절이다.

목련꽃 필 때

모진 더위를 탓하랴?
휘몰아치는 분노의
세월을 탓하랴?
망울망울 문 잠갔던
숭고한 한(恨)의 주머니

언젠가 따사로운 빛이
한(恨)의 주머니 노크하면
그 견고한 성은
서서히 마음의 문을 열고 나와

드넓은 창공 아래
꿈의 날개 활짝 펴고
화려하게 날아오르리

이른 봄, 제일 먼저 쌀쌀한 가운데 피는 목련. 여름의 무더위, 겨울 모진 추위 등을 겪고 이른 봄 일찍 오므리고 있다가 결국은 빛의 도움으로 피어나 만개하는 모습이 아름다워 시로 씀.

오월이 오면

산들바람이
가슴으로 불고
화려한 햇빛이
눈을 시리게 하는 달

내가 맡는 냄새와
볼 수 있는 세계가
풍선처럼 부풀어 올라
동화의 세계로 안내하는 달

거침없이 자연을 만끽하는
스위스 요정 하이디,
초록색 지붕의 요정
자연 놀이의 여왕
빨간 머리 앤,

오월 화려한 뜨락에서
하나 된 앤과 하이디
그리고 나와 자연
함께 숨을 들이쉰다

계절의 여왕 5월을 노래한 시.

오월의 노래

새벽녘
회색의 마법을 타고 온
덩굴장미 꽃향기
잠을 깨우고

어느새
나뭇가지 위에
말을 거는 새소리와
아침을 맞는다

멀리 눈부신 태양이
매력적인 자태로
바라볼 수 없이 빛나면

세상의 것들은
천상의 아름다움으로 변하고
그 속에서 황홀해 미소 짓는 5월

새싹에서
갓 벗어나
제대로 녹음으로 향하는
자연의 눈부신 자태
신이 내려 준 최고의 선물

계절의 여왕 5월을 노래한 시.

봄비

온통 연둣빛 세상 위에
내리는 기쁨의 눈물
하늘의 축복으로 오는 나를
생명의 눈물이라 불러 주오

연둣빛은 더 성숙한
굳건한 초록의 나라로
성장해 나가게 안내하는 나를
히포크라테스의 눈물이라 불러 주오

이제 밝은 빛 태양 아래
눈물 거두며 떠나가오
다시 자연이 부를 때
달려오리니 그때는 날
사랑의 멜로디라 불러 주오

봄비를 생명수, 약비, 사랑의 멜로디라는 느낌으로 쓴 시.

흩날리는 꽃잎

그토록 화려했던 삶
회한으로 남겨 두고
어디론가 떠나가는 조각구름

흩날리는 꽃잎은
마지막 산란*하는 순간까지
황홀함 주는 기적의 편린*들

떠나간다네
바람 따라 날다
어느 바닥에 운명처럼 뒹굴며……

한세상 화려하게 빛나던 삶, 바닥에 떨어짐으로 삶의 허무함을 읊은 시.

* 산란(散亂): 입자가 불규칙하게 흩어지는 현상
* 편린(片鱗): 사물의 극히 작은 부분을 이르는 말

올해의 봄

목련이 망울 맺으면
산수유 시기해 꽃이 맺히고
진달래 개나리 덩달아 피는 봄

산천초목 자태를 뽐내고
햇빛이 그 이름 사방에 떨치면
봄 한가운데
늘어지도록 휘날리며
벚꽃 얼굴 뽐내는 봄

나물이 들에서 산으로
치솟아 올라가며
늦봄 송홧가루 마시며
철쭉이 뽐내는 봄

자연의 질서는 숭고하다

세월이 흘러 흘러 올봄엔
온갖 꽃 동시에 뽐내며
서로 얼굴을 들이밀고
모두 자~알났다고 기세가 등등

어찌 자연도 인간을 닮아 가나!
젊은이는 노인과 서열이 동등하다고 외치며
공경심 잃은 지 오래고
나이 든 어른은 세월의 흐름 받아들여
서슬 퍼런 왕 앞에서 고개 아픈 할미꽃 된 지 오래

다툼 피하고 조용히 살고파 하네
자연과 인간이 닮아 가고 있네!

옛 봄은 시간의 질서를 잘 지켰다. 꽃도 서열을 두고 피었다. 요즘은 거의 다 같이 핀다. 요즘 경로사상이 없는 젊은이가 많아진 세태를 노래한 시.

새봄

하늘 향해 솟은
나뭇가지 사이로
살포시 잉태한
초봄의 옅은
연둣빛 시그너처*

땅끝 향해 뻗어 나간
뿌리 사이로
살그머니 고개 내민
향기 가득한
새봄의 정령(精靈)들

해마다 오는 봄
아무도 막지 못하고
해마다 가는 봄
아무도 잡지 못하리

아무리 세상이 어지러워도 자연은 자기 길을 간다는 시.

* 시그너처(signature): 징표

백화

부끄러이 왔다가
어느새 백화* 만발

떨어지는 꽃잎은 꽃잎으로
제 갈 길 가고

화려한 향기로
뽐내는 태연한 자태

옆길에 비틀어진 노목
몇 송이 피우건만

다른 이 아는 체 아니하고
흐드러지고 우아하게 핀

가는 세월 탓하지 않고
우아하게 지는 백화

가는 길목 서러워도
가장 도도하고 화려한 벚꽃

어느 날 봄 휘늘어지게 핀 벚꽃을 보노라니 만발한 꽃, 초라한 꽃, 죽어 가는 노목의 몇 송이 꽃이 있었다. 그중 제일 화려한 벚꽃은 나 몰라라 한 채 화려함을 뽐내며 도도하게 피어 있었다. 자연이나 인간이나 공통점이 있음을 노래한 시.

* 백화: 흐드러진 벚꽃

봄의 향연

걸음마다
어린 시절 달리던 길의
아지랑이가 따라오네

온갖 꽃 속에
철없던 시절이 숨어 웃네

지금은
황사 먼지 아래
숨이 차지만
꽃의 화려함만은
여느 때 못지않게 변함이 없어

낙화를 보며
서글픈 눈물을 본다네
하지만 그게 생의 잔치인 것을

봄의 향연은
오늘도 변함없이 계속된다

황사 먼지 속에서도 꿋꿋이 화려한 꽃 피우는 봄을 노래함.

봄이여 어서 오라

봄이 오고 있는가
뿌연 햇살 사이로
회색빛 검은 눈물 사이로

서서히 분홍빛 망울을 내밀며
가지마다
초록의 희망을 품고
아픔보다 더 큰 희망으로
어서 오거라 봄이여

이 땅 이 대지 위에
잉태되는 봉우리마다
희망 가득 담고서
봄이여 어서 오라

2021년, 코로나가 극성일 때 희망을 바라며 병중에 쓴 시.

풀잎

길가에 차이는 풀잎
아스라이 아침 안개 속에서
얼굴을 가렸다

풀은 풀
풀은 풀 내음으로
아니
풀은 독한 한약 내음으로

길가에 차이는 풀잎
아스라이 안개 속에서
얼굴을 내민다

아침 산책을 종종 하던 어느 봄날, 풀잎이 안개에 가려 안 보였다. 어느 풀밭을 지나올 때마다 풀 내음은 풀 내음으로 났지만, 어느 지역을 지날 때는 풀에서 한약처럼 독한 내음이 났다. 환경 오염인지 약초인지. 하지만 집 근처니 둘 다이리라. 아침 새벽에는 안개가 가리고, 산책 끝나고 올 때는 밝아져서 풀잎의 얼굴이 보였다.

나물하기

어려서 엄마 따라나섰던
이 둔덕 저 둔덕
나물하는 것이 좋았던 게 아니라
엄마와 함께한 시간이 좋았지

꽃다지, 미나리, 나생이, 망초대, 잔대, 씀바귀……
엄마가 해 모으는 나물은
신비한 힘을 담고 요술을 부려
식탁에서 국으로, 나물로, 부침개로 변신하며
식구들과 기쁨 한가득 넘치는 행복

엄마는 가고 없어도
봄이 오면 엄마의 나물 정신 이어받아
남보다 이르게 칼과 봉다리* 들고 나서면
아직은 못 나온 나물이 속삭이며
아직 이르다 손사래 치네

올해는 아들이 안 보인다고
늘 함께하던 그가 안 보인다고 언덕이 투덜대나
아들이 나물보다 더 재미있는 걸 발견했네요
성인이 되었네요, 기다리지 마세요
내가 말하니 삐쭉이며 돌아앉는 나물들

이른 봄 따스한 햇살 따라 헤매다 보면
양지바른 쪽 남보다 일찍 자란 나물들
내 손길 그리워 기다려 준 양
손을 흔들며 반가워하고
올해도 '죽마고우 오셨구려' 말하는 나물

봄만 오면 아들과 함께 작년까지 나물을 했다. 올해 여자 친구가 생겨 나물을 못 하고 나만 나가서 하니 나물들이 예쁜 아들 안 왔다고 심술을 부리는 듯했다.

* 봉다리: '봉지'의 사투리

봄 담은 눈

그제 봄나물 하러 갔더니
나물 잎사귀 목쉬어서
물 달라고 하네

어찌 알아듣고
몰래 오신 하얀 꽃 손님

모처럼 반가운
봄 담은 눈

메마른 들판 위에
숨 가쁜 산 위에
갓 나온 봄의 정령(精靈)*들 위에

계절보다 게으른 하얀 꽃
미안한 듯 거북 걸음으로
살짝 다가와 입맞춤하네!

봄은 봄
떠나갈 차가운 꽃이여

아직은 누렁이 등 같은 동산 위로
목마름을 채우고

잠자던 연두 나라 언니들 찾아오면
미련 없어 떠나리라
봄 담은 눈

2025년도는 봄에도 목련이 피었는데 눈이 와서 목련이 죽었다. 심지어 벚꽃이 하루 피었는데 틈새로 눈이 오더니 점심에 누그러졌다. 특이한 봄이었다. 눈이 봄을 담고 와서 금방 녹았다. 목마른 가지들은 신나 하는 것 같아 시로 노래함.

* 정령(精靈): 만물에 내재하는 신비하고 신성한 존재

늘 그대로의 봄

고향 산천 여주의 봄은
올해도 찾아와
늘 그대로 웃어 주는데

세월 가고 사람 가고
현재만 남누나
준비 안 돼도
늘 그대로 오는 봄

늘 오는 봄, 세월 시간 가고, 사람 가도, 봄은 온다는 시.

봄과 약속

봄이 오는 소리가
새벽을 뚫고 들린다

새벽의 어둠이 예수님과 시작된다
올해의 봄은 좀 겸손하고
회개하는 마음으로 시작하고 싶다

봄에
하나님을 향해
예수님을 향해
새롭게 시작하는 사람들
마음 붙드사
흔들리지 않게 하옵소서

새로 시작하는 봄에 회개하는 새로운 마음으로 시작을 알리는 시.

봄

어김없이 찾아온 봄
봄은 경이롭고 아름답다

봄은 아지랑이 속에
생명을 잉태하고
태고의 물줄기를 다시 일으킨다

봄은 웃고 인사를 하고
봄은 기지개를 켠다
봄은 펄럭이고 춤추게 한다

색색깔의 화려함으로 빛나는 봄이여
모든 이에게 오라!

태고의 물줄기 생명을 일으키는 봄을 노래함.

2. 여름

달맞이꽃
여름 바람 1
여름 바람 2
여름 바람 3
6월이 다가오면
유월의 노래
금계국 필 때
앵두
매미
상추
빨래

달맞이꽃

새벽
이슬에 채인
엷은 미소 띤 네 얼굴

친한 사이 아니랄까 먼저 인사를 하네

황무지
그 속에서도
보드랍게 핀 나비 얼굴

훨훨
날아갈 줄 몰라
끝까지 돕는 의리의 인연

발끝에서 머리끝까지 아낌없이 주는 너

미소 띤
네 곁으로 돌아가
한 줌 흙 친구 되리라

어느 여름날, 아침 산책길에 한 무더기 노란 달맞이꽃을 보았다. 달맞이 나물, 달맞이 뿌리, 달맞이 씨앗, 달맞이꽃. 몸 전체가 약이 되니, 이보다 유익한 식물도 없어 고마움에 시를 씀.

여름 바람 1

태풍의 냄새런가
후끈하면서 시원한 바람
내 마음도 공중 부양

습한 비 냄새
땀, 여름 버섯,
기와집 마당 가
익은 살구 내음
모두 몰고
불어와 가슴에 안기누나

태풍 몰고 올 바람
폭풍 전야런가
축제의 장이런가
알 수 없는 미지의 세계로
이상한 나라 앨리스 되어
바람 속에 갇혔다

비와 바람은 짝이라 같이 온다. 시원하지만 단속 잘해야 함.

여름 바람 2

진득한 땀방울 사이로
펄펄 쏟아지는 여름 바람
사막의 오아시스처럼
갈급함을 채우는

온몸의 세포가
부푼 풍선처럼 날아오르고
바람 사이로
우는 새소리

물 냄새, 햇볕 냄새, 이국 냄새
잔뜩 묻혀 온 여름 바람아
울부짖는 저 영혼의 소리를
말끔히 하늘로 가져가려무나

여름비는 시원하게 쏟아진다. 여름비와 바람은 짝이라 같이 온다. 회오리처럼 시원하게 공중 곡예 하는 바람 보고 읊은 시.

여름 바람 3

여름 나뭇잎 사이로
억센 이야기 싣고서
먼 여정 돌아온
바람의 나라

이리저리 움직이며
수많은 추억 냄새 흘리며
스파이더맨 되어
소리치는 광야의 바람아

오늘은 무슨 얘기 전하려나
새소리마저 멈추게 하고
구름마저 서게 하는
미지의 알 수 없는 힘

무슨 얘기 그리 많아
몸도 못 가누게
흔들리나
초여름 광풍아

여름비는 시원하게 쏟아진다. 하지만 많은 것을 가져온다. 수해, 농작물 피해 등. 비와 바람은 짝이라 같이 온다.

6월이 다가오면

6월이 가까이 오면
가슴이 아려 오고
아린 상처 곪아 터져
피고름 되어 흐른다

어느 해인가 6월 6일
어머니는
강가의 금계국 꽃길을 따라
다시 못 올 길을 떠나갔다네

퇴직하면 같이 다니자던 여행
굳게 약속하였건만
뭐가 급하다고 그리
먼 여행 혼자 떠나
내 마음에 그리움 이토록 쌓아 놓고
피고 또 피워 한을 만들고

어머니는 가셨지만 안개 속에서
개 짖는 소리만이
여전히 공허하다

6.6 현충일에 가신 엄마를 생각하면 기가 막히게도 슬프다. 직장 퇴직 후 같이 가자던 여행 약속도 못 지켰는데 가시다니. 엄마 생각에 슬픔으로 노래한 시.

유월의 노래
- 현충일 어머니 기일에 고함

여름꽃 동산에 앉아
가신 임 나라 그리워
하늘꽃 어디에 머무를까
기쁨으로 상상해 보네

돌아온 유월은
고통의 계단을 지우고자
즐거운 음악에 맞추어
그대를 위해 춤을 추고파

그대가 심고 간 과꽃 아래서
밤새워 임을 기다리는데
더 이상 오지 않는 임
눈가에는 이슬이 맺혀

아, 세월의 무상함이여
세월의 감사함이여
그대 있는 천국을 바라보고
그대의 숨결을 느끼는
통한의 달 유월

살아서
다하지 못한 은혜를
마음의 영혼 담아
오늘,
새의 날개 위에 띄워 보낸다

6.6 현충일에 가신 엄마를 생각하면 기가 막히게도 슬프다. 2023년에 엄마 묘소에 바친 헌정시.

금계국 필 때

아! 무슨 향기던가
꽃 따라 바람 따라
나비가 앉아 웃음 짓는
이곳이
바로 지상 천국

말도 필요 없고
시도 필요 없고
경탄만이 넘치는
금계국 빙 둘러싸인 강가
향기로운 냄새 진동하는데

보잘것없는 인간
불현듯 6월 향기 따라
하늘나라 가신 엄마 생각에
눈물이 고이누나

꽃길 따라 나비가 되어 가신 임 생각에
기쁨으로 웃는다

가장 지상에 꽃이 만발한 6월 초에 가신 엄마. 슬프지만 화려한 좋은 계절에 가신 게 기뻐서 지은 시.

앵두

몰래 찾아온
수줍은 새색시

통통한 볼로 방긋 웃는
새콤달콤 봄 친구

작은 세계 속
넓게 품은 하트

둥글게 둥글게
오늘도 크는 태양 빛 세상

하트 모양 앵두를 보고 시를 씀.

매미

여름마다 계절 맞추어 울던 매미
올해도 시끌벅적 마을 운동회

매미 소리 그치고
귀뚜라미에게 길 내주는
매미의 통 넓은 마음
거스를 수 없는 자연의 파노라마

여름 지나면 떠나갈 매미
앞길 닦아 주는 착한 안내원

매미가 시끌시끌하지만, 귀뚜라미에게 길 내주는 안내원 역할 같아서 시를 써 봄.

상추

정성스러운 손길로 키워
갖가지 고운 색으로
막 청춘을 맞이한 상추

참고 길러져
우리 앞으로 와
고마운 한 쌈이 되었네

네가 내게로 와
한 쌈이 되기 위해
만든 이도
기르신 이도
합력해 이뤄 낸 정신의 승리

이제 청춘을 맞이한 상추는
기꺼이 자기 생을 다하고 가네

친구가 준 상추에 대한 감사의 시.

빨래

햇빛을 좋아하는 건조대 위
무지개 색깔 손님들
너희는 환상의 짝꿍

빛과 아롱이다롱이
돌다리 건너서 매일 만나서
사랑을 속삭인다네

이별하는 순간이 다가왔어도
그대들은 슬프지 않아
내일이면 또 만나는 운명의 짝꿍

건조대 위의 알록달록 빨래들은 햇빛과 환상의 짝꿍. 불가분의 관계를 노래한 시.

3. 가을

가을이 오는 소리
삼키는 가을비
춤추는 은행잎
낙엽 비
가을비
낙엽
어느 시월의 끝에서
못다 운 가을비
들국화

가을이 오는 소리

너울너울
한 줄기 바람이
느낄 수 없는
부드러움으로
끼어들었습니다
진득한 땀방울 사이로

어느 날
가늠조차 어려운
매서운 바람
무수한 줄기가
끼어들었습니다
더운 보일러를 끄면서

드디어
초가을 바람의 병정들이
쉰내 나는
옷을 걷어차며
끼어들었습니다
뻥 뚫린 시원한 가슴 사이로

찜통더위에서 9월 초 서서히 가을바람이 한 가닥 두 가닥 서서히 끼어들더니, 강한 가을바람이 어느새 끼어들어 본격적으로 가을이 왔음을 노래한 시.

삼키는 가을비

가을비 우는 소리 서럽네
무엇이 섧다고 그리 무겁게 우나
봄비처럼 흙 내음 몰고 와
희망가나 부르지
뭐가 슬퍼 그리도 느릿느릿 우나

할 말 있음 말로 하거라
울면서 삼킨다고 네 마음 누가 알아주나
어쩌면 그렇게도 말없이 우나!
긴 이야기 삼킨다고
누가 알아주나 가을비야

가을비 추적추적 조금씩 내릴 때 가만히 들어 보면 한 많은 여인이 우는 것 같기도 하고 총각이 첫사랑과 헤어져 가슴 아파 우는 소리 같기도 하다. 가을 어느 날 조용히 오는 비를 보고 지음.

춤추는 은행잎

풍향 리듬에 맞추어
노란 민들레 꽃씨보다도
큰 날갯짓으로 함박웃음 지으며
백조의 호수 흉내 중인
화려한 댄서

수려한 겉옷 속에
감춰진 비밀의 열쇠 꺼내
뭉쳐 있는 가슴을 풀어 주는
고마운
춤추는 댄서

접혔던 날개마저 활짝 펴고
모든 이의 눈길을 끌어모아
마지막 축제를 장식하는
나는야
술 취한 노랑나비

가을에 낙엽이 질 때, 가장 화려한 아름다운 낙엽은 샛노란 은행잎이다. 바람이 불 때 은행잎은 마치 화려한 댄서 같다. 하지만 떨어질 때 비틀거려 술 취한 댄서 같다.

낙엽 비

자신을 불태우다
바람의 나라로
떠나는
길 잃은 풍운아

짧은 장송곡 타고
마지막 숨을 싣고
내리는 낙엽 비

나지막한 햇살 아래
마지막 생명 움켜쥐고
다양한 얼굴로 시위하며

허허로운 공중제비로
삶의 매듭을 지으며
떠나가는 낙엽 비

어느 바람이 부는 늦가을 날 바람에 떨어지는 낙엽을 보고 노래한 시. 사람 얼굴이 다르듯 낙엽의 얼굴도 다 다르다. 떨어질 때 낙엽을 보라. 그러면 느낄 것이다.

가을비

비가 오네
가을걷이 끝내고 오는 비
그건 손안에 든 은행 계좌

비가 오네
쌓인 낙엽 위로
가는 세월 안타까워
숨죽여 오는 비
긴 추억의 눈물방울

비가 오네
철든 모습으로
이별의 미소를 지으며
떠나가는 그건
다가올 눈꽃의 씨받이

추수 끝나고 오는 가을비, 그야말로 은행 계좌다. 늦가을 추적대며 오는 비는 곧 다가올 눈을 예시하는 일기 예보란 뜻으로 가을비를 노래함.

낙엽

많은 것들이
무에서 유가 되고
유에서 또 무가 되어
돌고 돈다는

역할 다한
낙엽에서
한 수 배운다

낙엽이 쌓인다
세월이 흘러간다
인생이 가고 있다

자연과 인생이
서로가 스승 되어
한 수 배운다

낙엽이 결국 나무들의 식사가 되어 다음 해 잎사귀를 만들듯, 유를 만들고 다시 무로 돌아가 유를 만드는 것은, 인간이 자손을 낳고 계속 대를 이어 가는 것처럼 자연과 인생은 서로 비슷하다. 서로 스승이다.

어느 시월의 끝에서

단풍도 가고
낙엽만이 뒹굴어

새끼 새도 날아가고
빈 둥지만 남긴 채

마지막 남은 태양 빛에
가을꽃만 오롯이

어느 낯선 서릿발 땅에서
인내심 자랑하듯 질긴 꽃

찬 바람 따라 떠나는 꽃
다시 올 미래 아무도 몰라

아는 것 오직
넌 시월의 끝이라는 것

서리 오는 가을에, 다른 꽃 다 죽어 가는데 굳건히 살아 있는 가을꽃 국화를 보고 쓴 시.

못다 운 가을비

아직도 눈물이 남아 있나!
좀 소리쳐 울어 봐라
숨죽여 우는 소리
답답도 하구나
소리쳐 크게 울면
가슴이 뻥 뚫린단다

그 누가 알리
가 버릴 임 가고 나면
멋진 새 임 올 것을
제발 숨죽여 울지를 마라
추적추적 우는 소리
여전히 미련의 끝을 붙잡고서

아직도 몰래 우나
더 찬 눈비 오면 어쩌려고
제발, 정신 차려
못다 운 가을비야

가을비가 추적추적하고 느리게 올 때 가끔은 답답하다. 숨죽여 오는 가을비를 노래함.

들국화

마음이 가난한 자 복 있다고 하나님이 칭송하셨지
가난한 그루터기에 몸을 의지하고
밟혀도 꿋꿋이 가을을 향해 양손을 높이 들고
세상 바람이 흔들고 흔들어도
하나님의 축복으로 가을 세상 누비는
나, 마음이 가난한 가을의 들국화여라

들국화는 집에서 기르는 송이 큰 국화랑 전혀 다른 야생화다. 가난한 집 시골 구석에서 들판 이곳저곳에 여기저기 우리 발에 밟히면서, 바람 불면 흔들리면서 피는 보잘것없는 국화지만, 가을 세상 누비는 꽃이다. 그런 들국화를 노래함.

4. 겨울

마지막 향연
늦겨울 비
설날의 야경
첫눈
허름한 점포

마지막 향연

겨울비 내려와
낙엽 이불 흠뻑 적시었네

겨울비
마지막 향연이
조용히 열렸네

이곳저곳
꿈틀거리는
희망찬 봄의 정령(精靈)들
봄 내음 가득한 꿈의 덩어리

썩어 가는 낙엽은
새싹들의 한 그릇
밥이 되었네

가고 오는 세월 속
진리의 수레바퀴
끝없이 돌고 돌아
선사하는 오묘한 신세계

봄을 기다리는 2월 끝자락의 마지막 겨울비를 노래함.

늦겨울 비

추위 속에 아쉬워서 와 준
반가운 친구
창문 열고
냄새를 마신다

자연 요리사가
몸 바쳐 만든
오묘하고 구수한
진국의 선물

겨울, 그 겨울 속에서
눈물 뿌리며
연말 결산 끝냈다며
앞으로 더 분발하라
외치는 함성

늦겨울 비라 하면 아마 봄이 오기 전에 오는 비가 아닐까. 그래서 구수한 진국의 냄새가 난다. 겨울인데도 비가 왔음은 봄이 오기 전의 늦겨울 비다.

설날의 야경

화려하지 않지만
푸근하고 은은한
빛이어서 기쁘다

이 까만 밤에
유난히 가신 임
그리워 눈물짓는다

나를 만드시고 빚으신
내 육신의 고향
그분이 왜 그리 그리운지

나를 낳아 준 그분을
목 놓아 불러 봄은
내가 너무 늦게 철이 들음이라

설날 하루 전날 밤
그 까만 밤하늘에
하늘에 퍼지는 당신의 향기

그 음성 그 웃음 그 음식의 내음
설운 밤, 바람에 실려 와서
이내 가슴에 메이누나

설날에 엄마 웃음, 음식 내음 등이 생각나 목이 메어 쓴 시.

첫눈

소리 죽여 오는
올해의 첫눈
무엇이 두려운가?
연일 들리는 포탄 소리 피하여
하얀 순수로 이 땅을 축복해 주네

축복은 거듭 주어도
넘치지 않는 법
첫눈의 축복
우리 모두를 삶으로 이끄는
전쟁 끝 평화의 몸짓
반드시 오리라
이제 평화의 시대
저 말없이 내리는 첫눈의 의미는
우리가 세계의 주인 되어
평화로 나아가라는 상징의 벨소리

오, 고마워요, 신이여
대한민국 끝까지 축복해 주소서
하얀 저 눈처럼
조용히 내리지만
평화의 중요한 중심지가 되어
순수의 아름다운 나라로 빛나리

2025년 첫눈이 올 때 러시아, 이스라엘 등의 나라에선 전쟁 중이었다. 우리나라가 세상의 중심이 되어 잘 살아가라는 축복의 시.

허름한 점포

끓는 냄비 속
투박한 손길로 넣는 라면 한 개, 달걀 한 알
그윽이 바라보는 눈가, 주름의 나이테

낡은 냄비 속
끓고 있는 수많은 정
손님에게 건네주는
라면 냄비 한가득
꽁꽁 언 손 위로 전하는 따스함

노파의 바랜 양말
낯익은 해진 점퍼
끓는 냄비, 낡은 냄비
아랑곳하지 않고 수북이
쌓여 가는 삶의 나이테

허름한 점포의 노인을 노래함.

II.
가족과 함께한 삶 그리고 자연

1. 가족과 삶

아버지
우리 엄마
그냥 할머니
청춘
내 마음속 바람 냄새
고백 1
고백 2
상추쌈
늘 그 자리에서
은혜의 웃음
은혜
아기꽃
잃어버린 시절
홀로 가는 길
길
신앙 고백
빈 둥지
자식
인생의 후반전
짝을 찾아서
눈물 거두고 웃는 저 등대처럼
오늘
불면증

아버지

엄마 소천하시고
홀로 남으신 아버지

아들 집에 사시면서
몸을 의탁하신다네

자식들 어려서부터
이것저것 뒷바라지
마다치 않으시던 아버지

각종 원서와 심지어 대학 원서까지
사다 주시던 아버지

자식들에게 누가 될까 봐
아침부터 저녁까지 걸으며 건강 관리하시고

이 정거장 저 정거장 벤치에 앉아
혼자 생각에 잠기시고
쓸쓸해하시는 짝 잃은 외기러기

하지만 늘 자식을 위해
새벽부터 기도하시는 아버지

세상에 혼자 남아 계시는 듯하지만
자식들이 곁에 있어 평안하게 기도하신다네

매일 일 많은 자식을 위해
손수 무엇으로라도 끼니를 채우고
오늘도 괜찮다 하고 빙긋 웃는 아버지

백년 일생 속에
잃은 자식 가슴에 묻고
남은 자식을 위해 헌신하신 그 사랑
말로 다 할 수 없어라

지금 아들 집에서 같이 동거하시는 아버지의 헌신적 자식 사랑을 노래함.

우리 엄마

일 많은 집의 둘째 딸로 태어나
가장 외모가 떨어졌던 엄마는
어른들만의 주선으로
신랑 얼굴도 못 보고 시집왔다

타고난 일복, 타고난 약체
많이도 아팠던 엄마는
거기에 자식을 팔 남매 낳아
쉴 새 없이 고생만 하던 엄마
내 위아래로 다섯 남자 형제가
저세상 간 팔자 센 엄마
오호, 슬픔이여!

고등학교 기숙사 시절
엄마가 어린 남동생 데리고
딸이라고 보고 싶어서
날 찾아왔는데
시골 아낙네 남루한 행색
그때 나이가 마흔다섯 살도 안 된 나이였는데
기억 속의 엄마는 그때도 왜 그리 늙어 있었는지
이유를 모르는 게 아니라
난 충분히 알고 있었다

어느 시인이 노래한
'사철 발 벗은 아내가 따가운 햇살을 등에 지고
이삭을 줍는' 사람이 우리 엄마여서 그랬다
젊은 시절 아버지보다 일을 많이 하신 엄마
유독 집에서 초라했다
호사 한번 못 누린 엄마, 급하게 가신 엄마

꽃 좋아하던 엄마
6월이 만들어 준 금계국 화려한 꽃길을 따라
그렇게 허무히 가셨다

지금 당신의 묘소를 찾은
우리를 보고 있으신지…
열심히 살게요. 뒤늦게 깨우쳐서 정말 미안해요,
우리 엄마

갑자기 85세 나이에 아프다고 하셔서 병원에 입원한 후 3개월 만에 그 병원에서 타계하신 10년 전 엄마를 그린 시. 2024년 무덤가에서 헌정시로 읽음.

그냥 할머니

추석 맞아 딸이 왔다
미역 줄기처럼 딸려 온
사위와 손녀

"안녕하세요? 외할머니"
"그래, 어서 와"
식당 가득 우리 식구
명절 기분이 난다

"비요뜨*는 언제 줘요?"
기대에 찬 눈망울 빈손 보고 묻는다
"이 밥 다 먹고 할미 집 가면 준다"
밥 억지로 삼키는 손녀 귀여운 재촉에

집에 온 직후 허름한 옷 갈아입고
'비요뜨' 내주자
빤히 쳐다보던 손녀 왈

"우리 할머니는 그냥 할머니"

* 비요뜨: 요구르트에 과자를 곁들인 간식거리

청춘

가장 정상에서
빛나는 청춘을 부르니
보기만 그렇다고 고개를 젓네!

모두가 이끌리는
네 향기로움, 최고의 정점
일생 최고의 은은한 미로

시간의 흐름 따라
차츰차츰 말라 가는
안타까움의 운명

짧아도 화려함으로 번뜩인 시절
순간 속에 쌓인 고뇌
청춘이어도 청춘인 줄 모르나니

미치도록 안타까운 청춘아
빨리 지나가는 장미의 시절
지나고 보니 몹시 그리운 시절

서울대학교 김난도 교수는 '아프니까 청춘'이라고 했다. 보통 사람은 청춘을 가장 아름다웠을 때인 줄 아나 가장 고민이 많은 때이다. 지나 놓고 보니 안타깝기만 한 시절을 노래함.

내 마음속 바람 냄새

봄이면
보리밭 이랑 속
베잠방이 할부지는
초록 사마귀*,
그 옆을 한껏 내달리면
코끝에 와 닿는
시큼한 바람의 냄새

여름이면
큰 인사 하고 떠나는
태풍의 아우성
살아 있음이 미안한
비린 바닷바람의 냄새

갈*이면
열린 다락방 오래된 책 사이로
주인 따라 책 읽으며 휘돌아 가는
케케묵고 손때 묻은
바람의 냄새

초가을 들판
익는 벼 사이에
참새 떼 가족 한창 잔치 벌일 때
내 식구들 굶을세라
논가에 메어 놓은 줄 흔드니
날아가는 새들이 주는 선물
송편 내음 바람 냄새

아! 그중 제일 그리운
헐벗은 베잠방이
할부지 시큼한 땀 냄새

내 마음속 바람 냄새가 사람마다 있을 것이다. 다락방 묵은 책 냄새, 여름 장마의 비린 바다 냄새, 가을의 송편 내음, 도시에 풍기는 식당 음식 냄새나 공장 주변의 가스 냄새 등. 하지만 내겐 보리밭에서 일하시던 바람에 실린 할아버지 시큼한 냄새가 가장 기억에 남아 있다.

* 갈: 가을
* 초록 사마귀: 보통 몸의 색이 보호색인 갈색 또는 녹색인 곤충

고백 1
– 자식들에게

누군가의 말처럼
세월이 쏜살같이 흘러갔다

그중 제일은
내게 남겨진 자식꽃

세월 거슬러 올라가
옛날로 돌아가 본다

그땐 내 아이들
이쁜 줄도 몰랐다

그래서 소리 지르고
매도 들고 욕도 하고
그땐 그랬다

마치 경험 없는 야생마
생날것의 삶처럼

생각 없이 날뛰던
풋내 나던 시절아
돌아올 수 없는 세월아

그래서 미안하다
오늘도 기도하며
반성하며 살아가노라

엄마 노릇도 연습해서 할 수 있는 거라면 이젠 좀 더 잘할 수 있을 듯. 처음엔 너무 어리석고 모르는 게 많아 혼내고 칭찬할 때를 구별 못 하는 경우도 많았다. 어른들 말씀에 '애가 애를 기른다'라고 하셨다. 지난 잘못을 뉘우치며 쓴 시.

고백 2
- 고양이에게

옛날엔 내가 그랬다
아주 냥이를 미워했다

그릉그릉 소리
다가올 때
얼음 되던 나였다

그래서 널 세게 밀쳤다
아주 싫어했다
끔찍이도 미워했다

세월 지나 어른 되고
아이 낳아 키워 보고
세상 풍파도 겪어 보니

이제야
숨 쉬는 이 땅 위에
네가 예뻐 보임은 무슨 연고인지

미안하다, 야옹아
생명의 소중함
이제야 깨달아서

맑은 날 네가 양지에 있을 때
다가가서 말하리
진심으로 잘못했다고
용서해 주려무나

나이가 어려선 동물이 귀여운지 몰랐다. 나이가 드니 동물도 사람 같고 귀엽다. 과거 고양이, 개 다 무서워 도망 다니곤 했었다. 동물에 대한 공포감이 있었는데 어른이 돼서 나아졌다.

상추쌈

심고 가꾼 손길 고마워
상추 한 쌈, 눈물 한 방울

아가들 이쁘라고
겉옷까지 깔 맞춤

풍성한 자태
수국처럼 빛날 때

보살핀 이에게
자기 몸 내어주는
마지막 보답

너도나도 눈 흘기며
입에 넣는 상추쌈

얽히고설키며 영그는
왁자지껄 식사 한마당

가난도, 불행도 잊게 하는
쌈 축제의 마력이여!

큰 상추는 소담스러운 수국처럼 송이가 크다. 갖가지 상추 색이 깔 맞춤한 듯 요즘 다양하다. 어울려 같이 먹는 쌈 축제를 노래한 시.

늘 그 자리에서

말 많은 세상 버거워도
도도히 흘러가는 우리의 강
바쁘게 초침, 분침을 달고
너그러이 웃으며 시침을 달고
함께 흐르고 흘러 바다로 가는
너희는 환상의 파트너

지긋이 바라보는 주인공은 산천초목
더불어 존재하는 나는야 조연 배우
우리는 터줏대감처럼
언덕에 서서

무심히 바라보는 흐르는 강물
늘 그 자리에서

덧없는 세월 잊은 듯 살다가
흘러 흘러 바다로 가 버린 강물
되돌리지 못하는
안타까운 세월

강 언덕에서
주연도, 조연도
그저 바라만 볼 뿐
오늘도 그저 웃음만 지을 뿐

산천초목은 주인, 인간인 난 조연, 강물과 시간은 파트너로 손님. 조연인 인간이 늘 그 자리에 서서 흐르는 강물을 노래함.

은혜*의 웃음

가장 순결한
하늘나라의 웃음
이보다 더 이쁠 수 있을까?

넌
어느 별에서 와서
죄 많은 인간 곁으로 와
위로와 기쁨을 주고 있나?

너의 웃음은
이 세상 온갖 것을 합친다 해도
오르지 못할
가장 고귀한 행복의 샘물

손녀의 웃음을 보고 탄생 2개월 때 쓴 시.

* 은혜: 둘째 딸의 딸

은혜

그 어느 날
기대하지도 않던
예기치도 않던 날
만난 놀라운 만남
바로 그건 주님의 은혜
아름다운 은혜였다

눈을 마주치면
'누구세요'라 말을 걸고
싱긋 웃어 주면
방글방글로 응답하며
색색이 돌아가는 놀이기구엔
발로 차고 손을 들어 '야호'를 외치는
바로 그 천사는 은혜

배고프다고 졸리다고
외치고 외친다
안아 주지 않음
눈물까지 흘리는 너
나도 같이 울어 본다
네가 예뻐서

네가 내게 와서 웃고 울어 준 날
넌 나의 진정한 은혜가 되었고
넌 나의 진정한 사랑이 됐다
하나님이 주신
이 세상 가장 아름다운 천사

둘째 딸의 딸을 보고, 생후 3개월에 쓴 시.

아기꽃

어미의 피와 살로
가장 아픔으로 온 꽃

벼꽃같이 귀하지만
사계절 기다리는 인고의 세월

백합처럼 순수하고 귀하지만
독한 향기를 내뿜으며

어미와 같이
울고 웃고 자길 여러 달

이제 까르르 웃는 웃음 속에
아픈 팔이 같이 웃는다네

가장 아픔으로 온 꽃
가장 귀하고 아름답게 피어난 아기꽃

첫째 딸 출산한 지 5개월 때 고생하는 모습 보고 지은 시. / 여주시 문인협회 2022년 도자기 축제 출품작

잃어버린 시절

(1)
느낄 새 없이
화살이 되어 흘러 버린 세월
청소년 시절 본인이 허수아비라고
슬퍼하던 친구야
지금 어디에 있니?

시공의 세월이 유난히도 같이 협조해
철모 쓴 모양처럼 구식으로 흘러갔던 학창 시절
마음 내게 던지고
사라져 버린 친구야
지금은 어디에 있니?

세월이 흘렀지만
성장의 생채기를 남겨 두고 간 친구
숨 쉬는 공간이 달라
찾을 길 없어 마음 더 외로워
지금은 어디에 있니?

(2)
잡을 수 없는 곳
새털구름 속 가려진 곳에
샤론의 꽃처럼 피어
손을 뻗어도
닿지 못할 곳에
있는 듯 없는 듯했던 친구야
지금은 어디에 있니?

시간이 흐른 후
고뇌 어린
초라한 모습으로
내 앞에 나타나
진짜인 듯 꾸며졌던
너의 허상 왕창 허물고
떠나 준 고마운 친구
방황하던 청소년 시절
데미안 친구야

(3)
내 방황 끝내고
이제 다시
긴 세월 돌고 돌아
흰머리 날리며
돌아왔나니
넌 이미 내 환상에서
뽑힌 마른 화초일 뿐

홀로 피어 있는 한 떨기
볼품없는 병든 야생화이니
추레하게 걸쳤던
허수아비 옷 버리고
진짜의 너의 모습으로
자유롭게 찾아와 주련

방황한 세월
황금 같은 귀한 시간
잃어버린 시절아
값으로 환산조차 어려운
가치를 일깨워 준
사춘기 질풍노도 방황의 시절아

운명이라면 만나진다는
말을 한번 믿어 볼까나
친구야 어디 있니?
이제 담담히 만나도 될 나이
이제 나타나 주렴

고등학교 시절 마음속 데미안 친구가 있었다. 그 친구 집을 우연히 갔다가 그 친구의 일기장에서 그의 데미안이 나라고 썼다는 말을 그 오빠에게 들었다. 우린 여고 동창이다. 하지만 그 친구가 너무도 초라하게 대학도 안 가고 시골에 묻혀 사는 모습 보고 그녀의 환상이 완전히 깨졌다. 그래도 그녀는 나의 데미안이다. 만나 보고 싶다. 어디에 있는지 몰라 그리워하는 시다.

홀로 가는 길

내가 가는 길이
눈물 나고 가슴 아플 때 많아

서툴지만 자식에게
청춘을 바치고
베푼 사랑이 부정받을 때
가슴이 아파

미안하다, 아들과 딸들아!

서로 다른 길로 가지만
잊지 않고 있는 또 다른 반쪽
그를 생각할 때
역시 마음 아파

놓아준다 해도 가지 않는 임
스스로 못 떠나는 관계
생각하면 마음이 매우 아파

미래는 알 수는 없는 길
신만 아는 끝
아픔을 상쇄시킬
뱀처럼 지혜로운 방법을 찾아
오늘도 기도하며
나 홀로 가는 길

나 홀로 가지만 내 가족에겐 알게 모르게 아픔이 있음을 노래함.

길

오르락내리락
오늘도 넘어질 듯
가고 있는 길

울퉁불퉁 험난한 길 넘어
평탄한 길에 서 있어
웃음을 지으며 걷는 길

가는 끝 모르는 듯
알고 가는 길
다시 간다면
더 잘 가고 싶은 길

어느새 눈보라 치는 겨울이 되어
내 앞을 가로막고서
뒤돌아보라 소리치네

뒤돌아보는 길
끝을 많이 아는 길
다시 간다면
자~알 가고 싶은 길

인간에게 주어진 길, 거의 100년도 못 살고 갈 운명이란 것을 다 안다. 누구나 죽는다는 것을. 어쩌면 모른다지만 알고 가는 길이다. 다시 간다면 잘 가고 싶은 아쉬움이 남는 인생길.

신앙 고백

새벽과 함께 기도하나니

나
살아온 세월 속에
타인의 욕심보다 두 배 더한 욕심쟁이로 살았고
타인의 밥숟가락보다 한 숟가락이라도
더 먹으려 발버둥질하고

타인이 욕하면 그보다 몇 배 더한 욕으로
이에는 이, 눈에는 눈으로 되갚으려 했고
심지어 자식의 올바른 항의에도
자존심 세우려 자식까지 억누르려 한 세월

나
시퍼런 중년 나이에 건강 잃고서도
깨달음 없이 오늘까지 회개도 없이
여즉 살다가

5월의 아름다운 푸르름 보며
살고 싶다, 살고 싶다, 되뇐다네
새사람으로 거듭나 세상 밀알 되어
살아가고 싶다네

남보다 덜한 욕심으로 밥 한 숟가락이라도
타인에게 양보하고

자식에겐 이해와 아량 넘치는
부모 되어 포용하고
말씀 따라 교육하며

주일날 가장 아름다운 목소리로
하나님 찬양하며
세상을 향해서는 얻는 것보다 주는 삶
밀알 되어 살아가고파

이 모든 거 기도하오니 주여
다시 한번 건강 허락하소서!

너무 나, 내 가족만을 위해 산 삶에 부끄러움이 있어서, 뉘우치려 남들을 위해 봉사도 하려 했으나 몸에 병이 생겨 말을 안 들어서 안타깝게 기도하는 시.

빈 둥지

남의 얘긴 줄 알았다
나이 먹으니 올 줄

끝까지 남아 내 곁을 지킬 줄 알았던
내 분신의 마지막 일 점마저 떠날 줄

아니 떠나면 축하해 주지라고
늘 말해 왔던 나

자기 길을 가는 거라고
자기 길로 가야 한다고 되뇌며
큰소리쳐 왔건만

이제 떠난 새의 빈 둥지를 보며
텅 비고 쓸쓸한 마음 달랠 길 없고

세월의 무상함과 덧없음
떠나 버린 어린 새의 포근했던 기억에
핑 도는 눈물

아무것도 아니라고
그저 이게 인생이라고 되뇌고

인간은 홀로 고독한 존재야
스스로 위로하며
드디어 빈 둥지 되어 서 있다네

막내까지 짝을 만나서 자식이 엄마 품을 떠나 자기 삶을 살아가는 과정이 서운하지만 자연스럽게 받아들이는 모습을 노래한 시.

자식

세상에서 가장 아프게 와
가장 예쁘게 꽃처럼 피어났지

세상 걱정 근심 없이
노래하고 춤추더니

어느새 사람들의 관계에
가시 박힌 가슴 부여잡고
슬픔으로 눈가에 맺힌 눈물

시간 따라 오고 가는
기쁨과 고통 어미를 따라오네

가장 아프게 와
진정 아름다운 꽃으로 핀 너희들

하지만 그 뒷모습에 어른거리는
어려운 난형난제들

같이 가슴 아파 우는
어미의 슬픈 심로

이제 남은 건
희망 담은 애절한 기도

자식을 생각하는 엄마의 마음을 노래한 시.

인생의 후반전

적막함만이 나를 감싸안은
희뿌연 새벽
유달리 떨치고 싶은
인간의 추한 잔상들이
뇌리를 스친다

하루를 살아감에
깨끗한 마음으로 시작할 찰나
순수함인 체 가장한
세상의 비웃음이
나의 인지 감각을 노크한다

놀라서 돌아보니
여전히 정신 못 차리고
부정하는 나 자신
체념 속에서도 의지는 꽃피고
마지막 남은 기를 모아
가장 바른 자아를 위해
세상 속에 목 놓아 호소한다

나를 깨운 진실의 세포가
불굴의 투지로
새 정신과 몸으로
살아야 한다고
아니면 죽음이라고
숨었던 자아가 깨우쳐 준다

네 뒤에서
아무렇지도 않게 웃고 마시는
타인의 추악한 정서
별반 다르지 않은 나
인간의 숨겨진 모습
갈등으로 짓이겨진
서로의 퀭한 붉은 눈

넘어야 할 산이 첩첩산중
하지만 자신과의 싸움이
더 중하다고
자신과의 싸움에서
이기라고
모든 경기에 후반전이
중요하듯이
인생의 후반전을 위해
남보다 너를 이기라고
충고하는 지혜의 요정

너를 이기면
모든 걸 이기는 것,
네 인생 후반전
주인공이 되라는
마지막 훈계

경기에서 후반전이 중하듯이, 인간도 인생의 후반전이 중요하다. 사람들과의 갈등으로 싸우지 말고, 지혜롭게 너를 이기라, 그것이 후반전에서 '이기는 길이다'라는 충고의 시.

짝을 찾아서

하나 남은 나의 피붙이
짝이 없어 외로워하더니
어미가 못 채우는
고독함 채우려
짝을 찾아가는 밤

겨울밤
유난히 찬 달빛에
마음 외로워
나도 내 짝에게 메시지를 보낸다
그러나 나의 짝은
늘 예나 지금이나
한결같이 정이 없어

그래도
나의 마지막 피붙이는
걱정에 전화를 주네
아들이 좋은 짝 만나
첫사랑의 아픔을
날려 보내길 기도한다

이 밤
빈 둥지 되어 외로워도
나의 외로움보다
아들의 행복함이 더 큰
기우는 저울
세상에 나가서 힘차게 사는
영웅 되라고 기도한다네

아들에게 애인이 생겼다. 짝 만나러 집을 비워도 좋은 짝이 생겨 기분이 좋다. 잘 살라는 축복의 시를 노래함.

눈물 거두고 웃는 저 등대처럼

바다의 냄새가 그리워
과거 냄새 맡고자
오랜 시간 돌아서 오는 길

갯바위에 앉아
어느 바다의 사나이를
그려 본다

바닷물이 때리고 때려
닳아진 바위
저리도 단단하건만

많은 시간, 이 세상에서 시달리고 살아왔어도
내 마음 아직도 바람에 흔들리는 나뭇가지처럼
맥없고 허약해 눈물이 난다

온 힘 다해 길러 온 자식들
불평 없이 잘 기르고자 노력했지만
최악의 순간 하루에 한 시간을 자면서도

노력해 온 과거를
바다에게 고자질하지 않아도
너른 바다 너는 다 알고 있었다

내 곁에서 늘 응원하였고
늘 박수 쳐 주었고
바다는 늘 한결같이 들어 주었다

여기 파도가 길들인 단단한 바위처럼
바닷물이 때리고 때려
닳아진 바위, 저렇게 단단하건만

눈에 흐르는 물은 아직도 그리움의 눈물
아직도 바람에 흔들리는 갈대처럼,
이제는 눈물 거두고 웃는 저 등대처럼

남편의 고향이 동해안 영덕인데 가끔 바닷가에 가면 살아온 세월을 생각한다. 떨어져 사는 것이 이젠 내 옷이 되어 버려 옆에 있으면 불편한 나이가 되었다. 이젠 옛날 같지 않고 마음이 평온해 웃는 저 등대처럼 마음이 고요한 심정을 노래함.

오늘

난 절망도 희망도 아닌
가끔은 흐린
가끔은 밝은 날 아래서
누워 있다

오늘, 이 순간
가끔은 깊은 시름에 잠겨 있지만
가끔은 평화로운 꿈을 꾸고 있다
내 나이 육십

끝이 없을 줄 알았던
생의 한가운데서
싸움과 투쟁은
아직도 끝을 모르지만
어느덧 종착역을 앞둔 듯
고요함이 종종 와서 평화를 준다

누군가는 말했다.
나이 칠십이 평화롭다고
참말이 될는지

점점 감각의 틀과 아픔은 무뎌져 가고
그 와중에 형제자매들은 위로를 건넨다
수고했다고 고생했다고
그 위로가 계속되길 빌 건만
상황이 어찌 될는지 그 누가 알리

그래서 기도한다
평화로운 미래를 달라고

60대를 맞이했을 때 나는 치열하게 살아온 50대까지와는 다른 평화로움이 오길 기대했다. 정말 평화로운 것 같았다. 시집갈 자식은 갔고. 누군가 70대는 더 평화롭다고 말한다.

불면증

곡선으로 날아서 쌓인 눈
눈물 되어 흐를 때

그윽이 깊은 밤
살아 움직이는 나의 넋

경험치 못한
다른 이름 검은 세계

모두 다 잠든
까만 밤을 날아서

하염없이 날아서
알 수 없는 먼 땅 위로

허우적거리다
뿌옇게 다가오는

다시 시작하는
또 다른 이름의
유채색 세계

잠을 잘 못 자는 불면증이 몇 달 전 초봄에 있었다. 바람에 날린 눈이 쌓여 훈훈한 날씨로 녹아 내리고 있었다. 잠이 들지 않은 채 비몽사몽 꿈속을 헤매다 뿌연 새벽이 왔음을 노래함.

2. 그리고 자연

달과 나
어느 외딴 산골의 달
달과 아파트
추석의 달
달빛
붉은 달
자작나무 이야기
이어달리기
석양 1
석양 2
닮은꼴
고귀한 유산
친구 된 꽃
새벽 이야기
억새는 말한다
새벽 내음
꽃과 김밥집

달과 나

달,
창문 너머 웃자란 나뭇가지 사이로
겨우겨우 비친 올해의 달
빌딩의 반짝이는 불빛이 있어
올해의 너는
외롭지 않아

나는,
세월이 흘러간 주름진 이마 사이로
간간이 보이는 뜻 모를 웃음 사이로
이제는 모두 제 갈 길 가는
인생의 자손들 보며
세월을 돌아본다네
모두 주님께 맡긴 채로

나보다 더 그 무언가를 견뎌 온 삶과
나만큼 견뎌 온 나와
나보다 더 그 무언가를 덜 견뎌 온 삶들과
더불어 살아간다네
모든 걸 감사하며
모두 주님께 맡긴 채로

추석날 달이 떠가는 보면서 달도 외로워 보이지 않았다. 추석을 보낼 때 가족이 모여서 나도 즐거웠고 이 모든 것이 주님의 은혜로 생각해 읊은 시다.

어느 외딴 산골의 달

골이 깊고 깊어
올라가기도 힘든 집
그러나
세월을 밟고 가는 이 있어
둘러보고
돕는 고마운 손길도 있어

혼자 오도카니 있는 굴피 집에
사람들이 그를 위해
세워 놓은 가녀린 빛기둥
집 주위에는
오롯이 두 개의 전등만이
시커먼 시골집을 비추고 있어

노인은
피붙이 다 떠나고 없는 집에
저 멀리 비추는 달을 의지해
가는 세월 시간에 기대어
때론 혼자서
때론 바람 따라 오가는 객들과
한잔 술로 시름을 달래었다네

어느 산골 굴피 집 구십 노인의 이야기

어느 날 우연히 본 유튜브에서 굴피 집을 보고 특별히 써 본 시.

달과 아파트

태고의 세계로
안내하는
저 달과
치솟은 아파트

묘하게 어울리는
시골 도시 풍경
훅 다가온
가슴 시린 격세지감

떠나간 그리운 모든 이들
어디에 있는지
영영 못 올 하늘로 간 이들
모두 저 달 속에 있는지
하나하나 그려 보는 밤

아파트 불빛
수놓아 어우러지고
독야청청 유유히 떠
여전히 뽐내는 저 달
유난히 가슴 아픈
애달픈 밤

창밖을 비추는 보름달을 보고 많은 생각이 떠올라 지은 시.

추석의 달

고즈넉한 하늘을 배경으로
사연 많은 둥근달이
오랜 이야기 담고서
그저 웃으며 간다

수해로 모든 것을 잃은
가슴 시린 아픈 이야기도
못 만났다가 모처럼 만나
신이 난 시끌벅적한
가족의 흥에 겨운 이야기도
만날 사람 없어
조용히 혼자 달구경 하는
나 홀로족의 쓸쓸한 이야기도

세상 담은 둥근달은
모두 안고서 껄껄 웃으며 간다

태고의 야곱의 돌베개 베고 잠자던
방랑길의 달과
혼자 이방인에게 팔렸던
요셉이 바라보던 이방 하늘의 달과
수많은 세월이 흘러
지금의 저 달을 바라보는
허허로운 마음의 달은
많이 닮아 있을까?

난로 위 둥근 주전자
많은 이야기 담고 가듯
오늘도 유유히 가고 있는 달

인간이 다투며, 울고, 화해하고, 살아가는 모습을 예측하기 까다로운 세상에 살고 있다. 앞으로의 세상도 만만치 않아 보인다. 하지만 독야청청 저 둥근 보름달은 때 되면 나타나 변함없이 자기 길을 간다. 태고 시대부터 다양한 종류의 사람들을 보면서.

달빛

달빛이 유난히 차다
정 없던 사람에게
느닷없이 찬 달빛을 실어
메시지 보내 안부를 묻는다
늘 그랬듯이 답을
기대하지 않는다

달빛이 유난히 무심하다
물 한 모금 마시고 자리에 누워
파리한 달 바라보며
생각에 잠겼는데
응답하는 메시지 금방 오네
알려 주는 갖가지 소식들

오늘도
가장 좋은 최선의 길이 뭔지
스스로에게 묻는다
좋지도 그렇다고 싫지도 않은
가깝기도 그렇지만 멀기도 한 사이
그러나 감당이 어려운 사이

이 밤도
딱히 답이 떠오르지 않아
풀지 못한 숙제 남긴 채로
찬 달빛에 기대어
잠을 청한다

사람이 오래 떨어져 있으면 남인 듯한 느낌이 든다. 같이 살면 더 무거운 사이 될까, 엄두가 안 나는 사이. 과연 현명한 길이 무엇일지 생각하는 시.

붉은 달

오늘 달은
유난히 붉은색

저 달도
나라가 병든 걸 아나

달 속에
피가 섞여 흐른다

오늘따라
이상히도 붉게 비치는 달

우리의 큰 별이
작은 별 생각해 십자가 진 날

마음이 아파서인가?
불의가 속상해서인가?

고개 숙여 우는
붉게 타는 달

분 넘치는 달
나도 함께 끓어오르는 심장

금년도 어느 날 보름달을 보니 유난히 붉어서 깜짝 놀랐다. 오늘날 정치가 복잡해 달까지 저러나 하는 감정에 쓴 시.

자작나무 이야기

높은 하늘 배경 삼고
강바람, 물소리 연주 삼아
하얀 몸뚱이로 춤추며
당당하게 고독을 즐기는 삶

바람 막아 줄 은신처도
영양 공급해 줄 어미 없어도
외진 삶 묵묵히 견디며
당당히 고독과 맞서는 삶

흰 무리 찾아 헤맸으나
보이는 건 늘 다른 무리뿐
떠오른 고무풍선
찬 바람 압도당해 공기를 빼듯
오늘 하루를 토해 내는 삶

그러나
바람과 물과 노래가 있어
스스로 행복하다는
어느 자작나무 이야기

집 가까운 천남리 강가 공원에 자작나무 한 그루, 강 바라보고 우뚝 서 있다.
무리를 떠나 외롭겠지만 씩씩하게 잘 자라고 있는 나무를 노래함.

이어달리기

삶을 향해 울어 대던
여름벌레 소리 뒤로하고
고즈넉하게 구슬픈
귀뚜라미 우는 소리

초록빛 나라는
황금색 들판에 바통을 넘겨 주고
흐뭇이 웃고 있는
대자연의 파노라마

오늘도 자연은 이어달리기하며
가을로 달음박질하고 있다

어느 가을날 벼가 익어 황금 들판이 되었는데 생각도 없이 살다가 육상경기에서만 이어달리기가 있는 것이 아니고 자연도 한 시절이 끝나면 다른 것에 바통을 넘겨주고 자연히 흘러가고 있음을 느끼고 쓴 시.

석양 1

모두의 눈길 끌어
저녁 불꽃으로 타는
정열의 정수
회한의 그리움

내일이 없을 거라는
얘기들 멀리하고
넓은 가슴으로
주위를 포용한 채
화려히 타는 붉은 심장

한 시절 더없이 아름다운
단풍으로 물들이다,
어느 날 낙엽 되어 구르듯
세상의 뒤편을 기약한 채
세상의 불꽃으로
장엄히 타오르다

여주 강가에 앉아 지는 해를 바라보면, 그 모습이 장엄하다. 아름다운 마을은 석양도 아름다운 법이다. 여주는 한자로 驪州인데 가라말 려에 마을 주이다. 검은 말의 마을이라니 그 뜻을 솔직히 잘 모르겠다. 나 혼자 임의로 고울 여에 마을 주라고 붙이고 싶다. 강가의 노을과 석양을 구경하려면 여주보 맞은편 강가 마을 공원 벤치에 앉아보라. 놀랍도록 아름답다.

석양 2

석양이 붉다
붉다 못해 찬란하다
떠오르는 아침 해보다
크고 우람하다

석양이 웃는다
더 이상의 황홀한
세계는 없다는 듯
뽐내며 웃는다

석양이 진다
붉은빛 길게 드리우고
떨어짐도 모르는 채
갑자기 떨어진다

황홀히 타오르다 떨어질 땐 갑자기 툭 떨어지는 해. 오렌지색 노을만을 남긴 채. 그 모습을 보고 읊은 시.

닮은꼴

맑은 하늘에
구름의 놀이 시간
지상에서 흘깃 보고 웃는다
구름의 나라, 창조의 나라

소식도 닿지 않는 높은 곳 은하수
흩어진 새털구름
지상에서 너무 머언
구름의 나라, 타인의 나라

성내며 쏟아져 내려온 먹장구름
권투 경기 하듯 관찰하는 상대의 눈
지상에서 너무 가까운
구름의 나라, 싸움의 나라

하얀 수국 가득 핀 수채화 구름
그대는 가장 비싼 거리의 전시물
지상에서 잡힐 듯한
구름의 나라, 춘몽의 나라

각양각색 구름의 세상
형제처럼 닮아 있는 자연
같이 살자 하고 말을 거네
구름의 나라, 인생의 나라

구름의 변화무쌍이 꼭 인간들의 모습 같아서 구름 보고 읊은 시.

고귀한 유산

초록빛이 상쾌해
삼십여 년 전 집들이에
내게로 와 친구 된 군자란

언젠가 침묵하던 네가
망울 맺히더니
주황색 꽃을 피우고

신기해 손뼉 치길 몇 해
그 소리 시끄러워
어느 세월에 사라진 꽃

그러나 넌 주는 물 먹고
견디길 삼십여 년

어느 날
네 옆에 아기 새싹 하나 두고
홀연히 떠나간 어미 난초

어린 난초 자라
사랑스레 크고 있는 난
넌 어미가 남긴
고귀한 유산

30년도 더 된 군자란의 새끼가 옆 순으로 나더니 어미는 죽음.

친구 된 꽃

십오 년 전 어버이날
선물로 내게로 온 꽃

내게로 와 그저
그냥저냥 피고 지던
이름 모를 꽃

수년 전부터 넌 시들시들
생각 없이 주던 물

가차 없이 가지치던
손길 이기고 한두 가닥 남아

무관심 속에 명맥 잇던
너란 꽃

이제 허리 굽고 자손 적어도
끝까지 남아 꽃을 피우네

꿈같이 내게로 와
꼬부랑 친구 된 꽃

이제 친구가 남긴 아기 새싹만 남아
따스한 햇볕 아래 잘 자라고 있다

15년 전 교회에서 화분을 주었는데 그 식물이 살아 내 친구가 됨.

새벽 이야기

아스라이 밝아 오는
어둠 속의 빛이 있으니
그것은 새벽

일찍 깬 노모의
폐지 줍는 리어카 사이로
흐르는 눈물
그것은 진주

두 손 모아 하루하루의
정성을 알리는 나의 기도
그것은 매일 거듭나는 열쇠

세상의 모든 이에게
새벽에 드리는 선물
꿈을 엮는 보석함과
다 함께 가는 마음의 평화

아들이 편의점 아르바이트할 때 내가 편의점에 새벽 2~3시에 들렸다. 그때 3시쯤 남루한 복장을 한 어느 여자 어르신이 들어오셨다. 아들이 박스를 모아 놓았다 드렸다. 노인 말씀이 본인 아들이 일을 못 해 본인이 박스를 줍고 있다고 말했다. 그 모습을 시로 읊은 시.

억새는 말한다

억새는 말한다
아침 일찍부터
묵묵하게
우리에겐 지지 않는
근성이 있다고!

억새는 말한다
한낮에도
아우성치며
작열하는 태양 빛에도
버티는 인내 있다고!

억새는 말한다
석양빛 노을 뒤
눈 오는 겨울
얼음도 바람도
참아 이겨 내는
용기 있다고!

굵은 느티나무들이 고목 되어 쓰러진 모습을 보았다. 일명 고사목. 강가에서 흔들리는 갈대나 산마루에서 춤추는 억새는 비슷하게 날씬한데, 고목처럼 바람에도 흔들려도 쓰러지지 않고 꿋꿋이 살아남는다.

새벽 내음

새벽 시간의 색깔과 냄새
이보다 더 신비로운 게 있을까?
늘 까만 어둠 속에서 시작하고
늘 하얀 다이아몬드 빛 속에서
끝이 난다

한 계절을 앞서가는 새벽의 냄새
새벽바람 실려 오는 장미 향
망초꽃 봄 내음,
그윽하게 걸린
아카시아 벌들의 꿀 내음

새벽은 말씀의 향기 퍼지는 시간

깨어서 기도하는
신성한 마음의 구름다리
서로를 위해 기도하고
나라, 국민, 가정을 위해
말씀의 향기
나누는 신성한 공감대

우리 교회에서는 언제나 나라, 교회, 집 등 기도할 때 나라를 위한 기도를 빼놓지 않는다.

꽃과 김밥집

조화인 줄 알았다
유난히 아름다운 튤립 세 송이

이른 아침부터
주인의 순수한 마음 담아

그만큼을 위해
표현하는 꽃의 넋

메인 디쉬 노란 튤립 세 송이
사이드 디쉬 보라 꽃 다섯 송이

적지만 귀한 꽃
품어 내는 서광은

김밥 싸는 손길 위로
주인공을 집어삼킨다

어느 날 아침, 김밥을 사러 갔는데 탁자에 예쁘고 소박한 꽃이 있었다. 김밥 아줌마가 꽂아 놓으셨다고 한다. 꽃이 이쁘니까 아주머니 인물은 안 보이고 탁자의 꽃만 눈에 띄어서 시를 썼다.

Ⅲ.
애향, 애국의 마음으로

영릉에서
꽃이 떨어진 자리
고사목(枯死木)
나는야 고목
그리운 고향
시인의 언덕
흐르는 강물처럼
나는 대한민국 국민이로소이다

영릉*에서

구름 따라 떠돌다, 바람에 몸을 실어
달래 향 쑥 향기 맡고 영혼이 멈춘 곳
이곳은 소나무도
주인을 알아보고
주인 향해 돌아눕는다는
차고 넘치는 신화가 있는
자연의 놀이터

산천초목은 늘 한결같이 피고 지는데
인걸들은 어디에 숨었는고
마을 언덕 가장 고귀한 장소에
똬리를 틀고 앉아
이곳에서 먹고, 마시노라
여기! 이곳 왕의 영혼이 깃든 곳

그토록 사랑하는 백성을 위해
짓무른 눈으로
각고의 눈물 끝에 만들어진 글자
그 글의 움직임을 바라보니
세계에서 가장 우수한 문자라
칭송받는 우리글
아! 이곳 왕의 영혼이 숨 쉬는 곳

구름 따라 떠돌다, 가장 이 나라의
평화로운 곳에서

대한의 얼, 무덤을 남겼나니
모두 배움으로 정진하라
때가 이르렀나니
솔로몬보다 더한 지혜를 주노라
만방이 너희를 우러러보리라
여기! 이곳은 왕의 영혼이 기뻐하는 곳

잘되리라, 잘되리라, 되뇌며
죽어서도 못다 부를 내 조국
그 이름 위대한 대한민국
분열되지 말고 협동하여
세계만방의 리더가 되어라

어느새
왕의 마음 내 마음 되어
눈물 되어 흘러내리네
이곳은 온 국민이 왕과 노래하는 곳

* 영릉: 세종대왕릉(영릉을 가면 많은 사람들이 릉 앞에서 기도를 하며 소원을 빈다. 영릉 주변 소나무도 영릉을 향해 보고 있다. 신비하다. 한글을 창제하신 애국자 세종대왕의 넋이 아직도 우리들에게 나라 사랑을 설파하고 있는 듯하다.

꽃이 떨어진 자리
－ 명성 황후 생가에서

저 먼 언덕 넘어 120년 전
어둠이 깔린 10월 밤,
나는 꽃이 떨어진 자리의 아픔으로
분은 넘치고
가슴은 헐떡이고
머리는 뜨거워
몸을 가눌 수가 없었네

'나는 못 가오, 나는 못 가오'
들리는 외침
나랑 사랑, 지아비 사랑, 자식 사랑
'나는 못 가오, 나는 못 가오'
들리는 절규

꽃이 떨어진 자리의 아픔으로
하루, 이틀, 수 없는 날을
잠 못 이루고
한 맺힌 함성으로
오늘도 울부짖었네!
끊어질 듯 끊어질 듯
무지개다리에서 만나
여왕이시여, 나라 걱정 그만하고
편히 잠들라 소리쳤네
꽃이 떨어진 자리에
시간은 흘러

진이 나와 아물고
그대가 주고 간 지혜의 샘 흘러
이전보다 더한 열정으로
이전보다 더한 힘으로
이전보다 더한 사랑으로
온 힘 다해
여주 사랑, 나라 사랑, 온 세상 사랑으로
날개를 활짝 펴고 날아오르리
아! 나의 여왕이시여! 축복해 주소서

왕비들의 고향 여주. 그중에도 특히 명성 황후는 조선 왕조의 거의 마지막 왕비로, 개화기에 바람 앞의 등불 같은 나라 운명에 맞서서 살다 간 비운의 왕비다. 결국 역부족으로 일본인에게 죽임당했다. 민비가 거주하던 곳이 여주에 있어 가끔 가면서 느낌을 쓴 시.

고사목(枯死木)

온몸에
검은 외투 걸치고
귀먹고 눈멀 때까지
살아온 풍상의 세월

피어나리라
힘을 써 보지만
끝내 나오는
울음소리

생이 가니
오롯이 뼈만 남아
허공에 날리는 헛웃음
못다 한 자기만의
말과 몫

온 세월 뒤돌아보고
갈 세월을 기다리며
끊어진 연줄에 기대어
부르는

마지막
사랑의
노래

강천섬에 고사목 군락이 있는데 그 고사목을 노래함.

나는야 고목

봄 새싹이
너무 연약해
애달프구나!

힘이 넘치는
여름 청년 나무
너의 지나친 열정이
안타깝구나!

한세월 잘 지낸
가을 단풍아
너는 기교 부리는
자연 마술꾼!

숨 다한 고목
나는야 겨울나무
오늘도 달빛 아래
외로움 대장!

숨 다한 뒤
사화산처럼 장승 되어 서 있는
나는야
기억을 되새김하는
추억의 추모비!

한강 어느 공원의 고목을 보고 쓴 시.

그리운 고향

그리운 고향 마을 길섶 위로
아지랑이 넘실거리고
언덕 위 머릿결같이 물결치는
보리 싹 위로
등 굽은 할아버지
쉴 새도 없이 손발 움직이다가
날 바라보던 윗배미* 밭
그곳은 늘 자다 꿈에 나타나는 고향 마을

헐벗은 옷과 해진 손으로
끊임없이 많지도 않은 찬으로
닳아진 큰 이남박에
잡곡 섞어 만든 어머니 밥을
느릿느릿 걸음으로
이고 지고 가던
언덕의 할머니
그곳은 늘 자다 꿈에 나타나는 고향 마을

무더운 철 쉴 새 없이 달려들던 벌레 피해
모락모락 피우던 모닥불 타는 냄새
저 멀리 피해 달아난
벌레 쫓아가다 보면
내 키만큼 자란 키 큰 풀잎 새 위로
반짝이며 가던 아득한 반딧불이
그곳은 늘 자다 꿈에 나타나는 고향 마을

시원한 바람이
송편 냄새 몰고 와 코를 간지럽히면
군데군데 떨어진 옷 입고 서서
웃고 있던 허수아비 따라
매어 놓은 줄을 흔들며 쫓던 참새 떼

그 옆 움막 지어 놓고
밤나무 아래 몇 알 주어
까서 오도독 먹던 고소한 밤
그곳은 늘 자다 꿈에도 나타나는 고향 마을

이제 세월이 가고
멀었던 나무가 내 눈 가까이 보이고
살아온 세월 감추듯
온 세상 하얀 눈으로 덮이면
오도 가도 못하고
문밖 나와 구경하면서
처마에 달린 고드름 따 먹던 곳
그곳은 늘 자다가 꿈에도 나타나는 고향 마을

봄이면 나물하러 이 언덕 저 언덕
몸도 가볍게 내달리던 곳
옆 가에 흐르던 강물 따라
발가벗고 헤엄치던 곳
맑은 물 맑은 공기
파란 하늘 보고 자란
동심의 세계, 그리운 고향
내 마음에 영원히 있으리

* 윗배미: 위쪽에 있는 논이나 밭
* 누랏골: 동네 시골 마을 사람들이 부르던 골짜기 이름

시인의 언덕

내가 즐겨 가는 공원에
시인의 언덕이 있다
마음이 공허로 헤매면
나도 모르게
그들이 모여 있는
심장으로 들어가
한줄 한줄 읽는
시인들의 정제된
말, 말
그들로 인해
슬픈 허무를 마시며
위안을 받는다

오늘
오직 신밖에 모르는 친구와
시인들의 언덕을 오른다
어떤 시인의 언어도
읽지도 보지도 않고
오직 신만을 말하는 친구
시인의 말은
허공에 맴도는
버린 말이 되었다

그녀는 내게 하늘의 비밀을
나는 그녀에게 언어의 신비를

서로 주입해 주려
애썼다, 그러나,

어느 날 삶에 지쳐서
다시 쉬고자 할 때
신만 아는 친구에게
허공을 맴돌던 저 버린 말들이
마치 쉴 만한 물가의 풀밭처럼
안식처 되어
빗물 되어 마음에 내릴 날 있으리

천남지구공원, 돌 위에 새겨진 시인들의 시가 있다. 공원에 가면 늘 읽어 본다. 그러나 관심 없는 사람은 자기 말만 한다.

흐르는 강물처럼

어느 영화의 한 장면처럼
오늘도 말없이 강물은 흐른다

6.25 때 헤엄쳐
사선을 넘던 아버지
어릴 때 헤엄쳐 놀던
내 동심의 강

이제는 아들의 낚시터이자
보를 세워 전기를 만드는
현대화에 자리를 내주며
힐링 장소로 거듭난 강

아, 슬프도다, 세월의 무상함이여!
아, 기쁘도다, 세월의 발전상이여!

〈흐르는 강물처럼〉 영화같이
모든 걸 품고서
오늘도 말없이 강물은 흐른다

남한강 여주보에서 변한 모습의 한강을 보고 쓴 시.

나는 대한민국 국민이로소이다

짙게 깔린 먼지 섞인 공기 아래서
진정 그게 환경 오염이란 것을 느끼지도 못했다
다만 보이는 건
아픈 다리로 지팡이 짚고 선 사람과
돌 안 된 아기 둘러업고
태극기 흔드는
편치 않아 보이는 사람들
나와 똑같은
그러나 그들은 슬프지 않았고
가슴은 부풀었다

또 눈을 즐겁게 한 것은
환한 표정으로 태극기 흔들며
춤추고 가끔은 소리치는
일반 시민들의 행복한 모습
평화, 평화
즐거운 축제
이보다 더 좋은 자유는 없어
이 자유 지키고자
목 놓아 외치는 결기
일반 시민들의 자부심은 대단했다!

아무도 아무 데나 버리지 않는 쓰레기
음식마저 주고받는 인정
울어도 행복한 눈물

'25년 삼일절의 모임은
1919년의 감동보다야
쓰고 벅찬 건 아니지만
즐겁고, 행복하고, 평화롭고
모두가 자랑스러운
보통 국민의 얼굴을 본 날
하지만
한바탕 가슴속에 고여 있는 하고픈 말은
남녀노소 어우러진
결기 있고 오지게 하는
참소리 한마당
소리 높여 외치는 말
국민이여 깨어나라

2025년 광화문이란 곳을 3.1절에 처음 가서 보았다. 분위기에 놀랐다. 특별한 사람들만 있는 게 아니었다. 아기 업은 채 나오고, 목발 짚은 채 나오며 수많은 인파가 모였지만, 쓰레기 하나 안 버리고 평화 시위를 하는 모습 보고 대한민국은 정말 세계에서 가장 위대한 나라라는 사실을 알았다. 그 시위하는 사람들을 구경 갔다가 한국의 시민 의식이 세계 1위란 것을 알았다. 유럽에서 이런 정도 사람이 모여서 시위했으면 나라 뒤집히고 파괴되었을 것이다. 수십만 이상이 모여서 구호를 외쳐도 기꺼이 즐겁게 외치는 모습에서 한국의 민주주의를 보았다. 광화문에 나가지 않는 사람일지라도 그들의 시민 의식은 반드시 칭찬하여야 마땅하다.

IV.
버리지 못한 습작 노트
(1999년 이전의 시)

책상 위의 한 송이 조화
내 고향 학교에서
시골 중학교
무제
고향의 여름
감자밭의 비밀
고독함으로
외로움의 끝자락을 잡고
단풍의 여로
허무
강변 위의 칸나
암흑은 다시 시작되고
저 동네를 가고 싶다
봄 길
아카시아 하얀 나라
안개의 탄식
짝 만나기 어려운
개운못 가에서
산봉우리와 구름
거울 속 세상
아직도 네가 나를
학마을 순이
안개는 내리고
나의 비둘기 집

책상 위의 한 송이 조화

너는 내게 올 때
가장 초라한 모습으로 왔다
마치 지금의 내 모습처럼

줄 때 주는 사람은
아무 생각 없이 주었지만
너의 초라한 모습에서
연민을 느낀다

다른 조화들과
너는 같은 모습을 했지만
오래도록 내 곁에 남아 있구나

올 때는 초라하고 슬프게 왔지만
나의 슬픔과 연민을 등에 업고
길고도 큰 의미로 남아 있구나

내가 받은 이곳에서
처음 꽃이자 마지막 꽃이기에
영원히 내 마음속에 있을 것이며

나와 더불어 이곳에 살아야 하기에
귀중한 것

인생이란 빈손으로 왔다가
의미를 두고 가는 거라면
너처럼 초라하게 왔지만
길게 의미로 남아 있으리

도간교류를 통해 고향으로 왔으나 마음을 둘 데가 없어 내 책상 위의 조화에 마음을 두었음. / 1998. 6. 4.

내 고향 학교에서

물 알고, 산 알고
그리고 부모 형제 있는 곳으로 온 지 한 달
그들은 나를 알지 못한다고 밀어 내고
나도 모른다고 밀어 내기에 힘 쏟으니

가슴에 저며 오는
옛것들은
나를 오라 하고
몹시도 필요한 현재 것들은
나를 가라 하네

하나도 낯설지 않은 곳에서
낯선 얼굴들과
다시 쌓아야 하는 힘든 탑 앞에
가끔 다가오는 구토증과 싸워야 하고
생각지도 않은 삶의 역겨움에
힘들어하지만

어느 순간에 마주친
작은 친절에 감동하고
아직도 채워야 할 칸 많은
나의 텅 빈 뇌리에
흘리는 눈물 한 방울

고향으로 올라왔는데 고향임에도 아는 사람이 없는 학교라 외로움이 있었다. 그때의 심정을 노래함. / 1998. 3. 22.

시골 중학교

가볍게 일렁이는 바람결 따라
포플러 나뭇잎 흔들리고

먼 걸음 다가서 보면
연두와 초록으로 힘을 합해 숲을 만든다

어느 해인가?
누구인가
이 징검다리처럼 놓인 층계를
밟고 올라가 저 높은 곳에
농구 골대를 세우고
공을 하늘에 쏘아 올리고자 한 이는

누구의 손길이런가
단정히 잘라 만든 통나무 의자를
향기 짙은 등나무 꽃 아래
가지런히 두자고 했던 이는

저만치 운동장을 돌아
옆으로 난 샛길로 오르면
진달래 개나리 향취 속에 두릅이 피고
두릅을 잘라 삶아서 초장의 향취에 젖으며
시멘트 개어 층층이 의자를 만든
숲속 천국에 쉬어서 가면

자연 속에서 보듬어진
인적의 산길 속에
먼저 간 이들 생각나고
여러분, 들어 보시게
지저귀는 산새 소리와 나의 합창 소리를

도간 교류를 통해 고향으로 다시 올라왔는데 첫 학교가 H 중학교란 곳이었다. 작은 학교로 봄의 모습이 이뻐 보여 시로 씀. / 1998. 5. 10.

무제

왜 그렇게 생각이 한곳에만 머물러 있을까
정신적인 미숙아인가?
잠에서 깨어 잠이 들 때까지
온통 내 머리를 꽉 채우고 있는 상념들

빨리 현재의 이 시간들을
탈출하고프면서도
머물고 싶은 것은
내가 지금 존재하고 있음이
머리를 채우고 있는 상념들 때문

어려서부터 상념과 상상이 많았다. 언제나 내게 온통 생각들이 꽉 차서 힘들 정도였다. 그러나 상념도 익숙해지면 그것도 친구가 된다. 상주시란 고향이 아닌 곳에 근무하던 때, 그런 감정을 읊은 시. 이 상념은 여주여자고등학교로 전근하면서 비로소 벗어났음. 벗어난 원인은 여주여자고등학교에선 1인 4역 하느라 바빠서다. / 1998. 6. 16.

고향의 여름

뜨거운 아스팔트 위로 햇살이 쏟아져 내리면
옛날이 아니고 요즘 들어서
사람들이 구름떼처럼 몰려온다

걸어서가 아니고, 멀리서부터 가까운 데까지
온통 사람들은 차라는 괴물 단지 한 개씩 끌고
그렇게 무상념, 무개념으로 강변으로 온다

어쩔 수 없는 가장 옆에서
아내와 아이들은 더 할 수 없이 들뜨고
어기적어기적 먹는 참외와 수박, 입 밖으로 튀고
그래도, 내 고향은 아직 타인을 버거워하지 않는다

어느새 봄이면 내달리던
보리밭 언덕은 참외밭으로 둔갑하고
뽕나무 피고 오디 따 먹던 밭은 불도저로 밀어붙여
길과 건물을 만들고 만 고향

여기저기 눈곱 안 뗀 아낙네들은
어디서 온 줄도 모르는 사람들을 상대로
오두막 짓고 앉아 웃음을 흘리고
서투른 상인 흉내를 내는 고향, 고향

더 이상 친구 간곳없고
오직 그네들의 늙으신 어버이들이 남아

삶을 향한 처절한 몸짓으로 분투하는 내 고향
그런 고향을 매우 사랑하고 이해한다

지금 더 안을 수 없는 가슴으로
더 아름다울 수 없는 순수로
더할 수 없는 사랑으로
고향의 여름을 매우 사랑한다

1998년 고향의 여름 모습을 보고 쓴 시. / 1998. 6. 15.

감자밭의 비밀

경치가 좋은 감자밭 하나 안다고
감자밭을 다 설명할 수 있을까

자주감자 핀 곳으로 가서
감자꽃 좋아한다고 해서
감자밭의 비밀을
다 알고 있다고 할 수 있을까

감자밭에서
감자 캐는 늙은 부부의 손길이 힘들다고
감자밭 일을 다 안다고 말할 수 있을까

감자밭과 논에서 쉴 사이 없이 일하다
돌아가신 할아버지 떠올린대서
감자밭의 전설을 다 안다고 말할 수 있을까

감자밭 둑에서
흐르는 강물 쳐다보며 운다고
누가 감자밭의 비밀을 알 수 있으리

이때 고향의 모 중학교에서 퇴근하다 늘 강가 밭둑에 앉아 강물을 바라보았다. 강물 옆에 밭이 감자밭이어서 밭 보고 쓴 시. / 1998. 6. 12.

고독함으로

고독은 무서운 것
매일 살아 있는 심장을 위협한다
심장이 홀로 있을 때는 물론
군중 속에 있을 때도 괴로워
비명처럼 시를 뱉어 낸다

나를 더 이상 사랑하는 사람이 지구상에 없고
내가 사랑하는 사람이 나의 비둘기 셋과
늙은 어버이 단둘뿐일 때
생이 고독해진다는 것을 알 때
누구는 배부르다고 말할지도 모른다

하지만 심장 속에 고여 있는 아픔
아무에게도 말 못 할 때
고독은 그 깊이 모를 심연의 나락으로 빠져들고
마지막 생이 지렁이처럼 꿈틀거리다가 체념하면
서서히 고독은 고독의 완성품으로 포장한다

자각하여 비상 탈출하고자
아프락사스의 새를
심장 속에 넣어 몇 번이고 피 돌리기 하고

진정 비상할 수 있을까
그러나 해야 한다
그렇지 않으면
죽음이란 절벽이 기다리고 있다

이제 준비 운동으로 몸 푸는 시간
곧바로 비상할 수 없는 것은
현실의 끝을 연민함으로
마지막 진실과 사랑을
찾을 수도 있다는 기대감으로

결국 끝은 뻔한 것 쉬 그날이 오리니
고독함이 절정에 이르면
희망의 새가 되어 꼭 비상하리라

아주 오래전 시, 27년 전 시를 읽다 보니 너무 고독과 처절히 싸운 것 같다. 고독감을 벗어나기 위해 쓴 시. / 1998. 6. 13.

외로움의 끝자락을 잡고

서로 모른다고 밀어 내다가
어느 날
크게 우뚝 마음에 서다

밀어 내다, 밀어 내다 지칠 때
태양이 진
푸른 동산에 앉아
떨구는 안타까운 눈물

그리움은 푸르디푸르다
붉은 흙 멍으로 태어나
외로움이라는 질긴
아픔으로 또다시
그의 여정을 시작한다

지치고, 지친 끝점에서
자신의 초라한 이성에다 대고
호소하다 들키면

외로움의 끝은
끝내 슬픔이라는 큰 원을 그리고
언제 끝날지도 모를 그것을
달인처럼 받아들이고

삼킨 울음을 애써 참아 내며
오늘도 별일 없이 인생을 산다

고향으로 다시 올라왔으나 남편과는 여전히 떨어져 외로움이 너무 심했다. 마지막 연에 있듯이 외로움도 너무 달관하면 달인이 되어 받아들이고 인생의 길을 의연히 가게 됨을 나타낸 시다. / 1998. 4. 26.

단풍의 여로

녹색의 잎으로 태어나
이름 모를 아기들이 다가와
상처를 주기도 했지만
사랑하는 연인들이 입맞춤에
보상받는 그런 애틋한 때도 있었지!

세월 흘러서 간다
어린 성냥팔이 소녀의 추운 날보다도
더 애절히,
겨울도 아닌
더위에 혹독하고 센바람이
나를 헤치고 갔다

물 한 방울 그리워 울부짖을 때가 있었지
하지만 견디어
더없이 아름다운 잎으로 태어났다

이제 더 이상 붉을 수 없고
더 이상 신비스러울 수 없는 보라색으로
더 이상 질투할 수 없는 노란색으로 태어나
작열하는 태양 아래 타다가
문득 황혼을 본다

나 이제 청춘들의 책갈피 속으로,
신혼여행 끝내고 온 그들의 앨범 속으로 가서
내 청춘의 한순간을 장식하리

하지만, 반드시 해야 할 마지막 숙제
장엄한 죽음
내 고향 흙으로 돌아가
끝없는 심연의 나락으로 떨어져
밟히고 밟히며
한 줌 흙이 되려네
그것이 내게 맡겨진
진정한 삶의 책임인 것을

단풍이 주인공이 되어 가는 길을 시로 씀. / 1997. 11. 7.

허무

오래도록 매달려 있던 감정
그 감정을 정리하고 싶다

좁혀지지 않는
평행선 같은 운명의 얽힌 실타래
헤매는 상념의 언덕들

이제 허무의 실체를 드러내고
그 끝을 마무리하려 한다

아니 마무리해야 한다
그러나 현재로선 마무리가 아니라 도피리라

도피라도 안 하면
환경이 힘든 변수로 작용해
파멸로 인도하리라

나의 만신창이가 된 허무를
환경 탈출과 맞바꾸려 한다
아! 정말로 허무하다

이때 마음이 고독하고 허무해 무엇인가 돌파구를 만들어 현실을 피하려 했다. 기껏해야 워드프로세서 1급 자격증을 따려고 매일 밤마다 타자 연습하고, 시간이 나면 영어 사이트에 들어가 영어 대화를 하곤 했다. 그렇게 워드프로세서 1급도 따고 고독을 퇴치했다. / 1998. 7. 10.

강변 위의 칸나

강변 위 칸나가
강물 위 구름과 어우러져 있다
푸른 날개 집으로 삼고
붉은 정열의 절정으로 피어나다

강변에서
제 모습으로 피어난 칸나
꼬부랑 할머니의 한숨과,
하루 노동자의 탄식과,
연인들의 행복함도 가슴으로 같이한 채
진한 영감을 그들과 나누고 있구나

무엇보다도 너는
오늘을 참기 어렵게 살아가는
사람들의 인내심을
웃음으로 아파하면서
용광로 속에 녹여 내
하나둘 정열의 꽃으로 탄생했구나!

강변에서
질풍노도처럼 몰아치던 비바람도 견디고
불어 버린 탁한 강물도 힘차게 바라보며
평온해질 강물을 기다리며
이 여름도 꿋꿋이 서 있구나!

차로 출퇴근하면서 길에 보이던 강변의 칸나를 노래함. / 1998. 7. 14.

암흑은 다시 시작되고

다시
암흑은 시작되고

회색빛보다 짙은
고동색 빛 암흑이

기러기 떼처럼
몰려서 오고

문득
예고하고 찾아왔던
몇 년 전 암흑이

예고 없이 찾아온
이번 암흑을 비웃고 있다

누가 예상했단 말이냐
시작을 모르듯이 끝도 모른다

무엇보다 정확한 것은
이번 암흑은 예사롭지 않다

1999년에 경기도 고향으로 다시 올라와 여주 한 중학교로 발령해 갔는데 아는 사람이 없어 다시 고독에 빠졌다. 한번 발령 가면 2년 이상을 있어야 하기에 외로움을 암흑으로 빗대어 쓴 시.

저 동네를 가고 싶다

망초꽃 핀 내리막 오솔길
한 아이가 이슬을 헤치고 있다

햇살이 눈부셔 오솔길은 순간 사라지고
서 있는 한 아이가 다가온다

저 오르막길 넘어 무엇이 있는지
밭도 있고, 감자밭도 있겠지

추억 속 아련한 친구가
어디에 살고 있는지

옛날부터 있어 온 훈훈한 정과
싱그러운 아이들 웃음도 있겠지

친구들 떠나 한 번도 가 본 적 없는
바라보기만 한 저 동네를 가 보고 싶다

여주는 강이 여주시 중앙을 흘러간다. 강가에 앉아서 건너편 마을을 바라보거나 옆 마을을 볼 수 있다. 다른 마을을 보면서 읊은 시. / 1998. 7. 4.

봄 길

차를 몰다 눈을 돌리니
하얗게 파랗게
부서지는
이 산 저 산
봄의 토네이도

길을 돌아
모퉁이 돌아
그 옛날 산 너머 있던
유채꽃 따고

바람 속에 내달리던
비단 머릿결
보리밭 길을
내처 달리면

친구들과 따 먹던
새로 핀 진달래
가슴 아린 추억의 덩어리

어느새 다가오는
물오른 봄

차로 출퇴근하면서 봄의 아름다움을 노래한 시. / 1998. 4. 14.

아카시아 하얀 나라

송이송이 알알이
하얀 나라로 당신을 초대합니다

장미 향수보다도 더 향긋한
마법의 나라로 당신을 초대합니다

보는 것만으로 부족해 입에 넣어 먹는
신비의 나라로 당신을 초대합니다

벌을 쫓아 고개를 넘고
나도 따라 고개를 넘는

가도 가도 멈추지 않는 그리운 나라
늦봄의 향연 속으로 당신을 초대합니다

짙은 향취에 빠져 허우적거리면
던지는 꽃의 한마디 '난 가시가 있어요'

하지만 기꺼이 꿈과 동심의 세계로
당신을 초대합니다

아카시아 하얀 꽃을 노래함. 아카시아꽃도 먹음. / 1998. 4. 28.

안개의 탄식

안개가
흐르는 강물을 가리고
등 굽은 할머니 손수레 위로 내린다

멀리서 보이는 헤드라이트 사이로
웅성웅성

다가가서 보니 차와 오토바이의 충돌
쓰러진 사람은 붉은빛으로 사라지지만

안개는 아랑곳없이
차갑게 내린다

언제나
안개가 하는 탄식
난 모르오, 난 모르오

이른 봄 찬 안개비 속에서
어린 새싹이 감기 걸려 콜록일 때도

언제나 안개는 같은 말로 탄식하길
난 모르오! 난 모르오!

자연은 인간에게 큰일이나 작은 일이 일어나든 냉정히 자기 길을 간다. '기차는 간다' 처럼 상징적 표현. / 1997. 11. 냉정한 자연을 보고

짝 만나기 어려운

내가 너를 만났을 때
난 페이지 많은 흰 스케치북

너는 다양한 색깔의 크레파스로
화려하게 때론 우울하게 색칠했다

어느 날 네가 참을 수 없는 검고 붉은 색깔로
나를 할퀴어서

멀고도 먼 길로 떠났다
그 후, 없는 짝 드디어 만났는데

그 짝은 훨씬 더 많은 색깔의 멍을 남겨
여유 많던 스케치북의 채울 칸이 없었다

짝을 만나겠다고 길을 또 떠났지만
짝은 없고 모두 똑같은 무늬의 옷을 입고 있구나

이제 다시 백지 많은 새 스케치북으로 돌아가
한 백 년 순결하게 살고 싶어라

나를 포함한 여자들이 이성을 만나고 마땅치 않아 다른 사람을 만나도 그 남자가 그 남자이니, 그냥 자신의 생각 그대로 주체적으로 살라는 상징적 시.
/ 1998. 1. 5.

개운못 가에서

처음엔 그저 물만 보았다
다음에는 산만 보았다

또 다음에는 나무를 보았다
그저 생각 없이 바라볼 뿐이다

어느 날 문득
무언가만을 빼고 많은 것을 보았다

누군가 버린 러닝셔츠,
나르는 빵 조각, 시든 달맞이꽃 뿌리
밟힌 클로버 잎새
방끗 웃는 바위 조약돌

바위 조약돌은
손안에 그리운 조각으로
텅 빈 연못 위에 반원을 그리고
돌아서 오는 길
연못의 아늑함에 감탄한다

이 마을 사람들의 낚싯대 드리운
그 외롭지 않은 풍요가 부럽다

타향 하늘에서
늘 바라보는 연못가
그것이 외로움을 없애지는 못해

이제 많은 것을 보았다
이곳 모두를 품고 있는 개운못*
하나, 품지 못한 나 그러나, 나를 품지 못했다
외로움이 한계선을 넘고 있다

경상북도 상주시에 개운못이 있었다. 남편 따라서 내려갔지만, 남편이 대전에서 사업을 했기에 살지 못하게 되자 상주여자고등학교에 근무하며, 휴일이나 쉬는 날에 3살 아들을 데리고 개운못 가에 앉아서 고향을 그리워했다. 개운못이 상주 사람은 다 품어도 나의 외로움만은 품지 못해서 결국 나는 경기도 고향으로 다시 올라오게 된다. 그때의 외로움을 읊은 시. / 1997. 11. 11.

* 개운못: 경상도 상주시에 있음

산봉우리와 구름

봉우리와 구름이 만난 것은
우연이 아니고 필연이었다
구름이 어두운 색깔로 다가와
처음 산봉우리는 구름의 빛깔을
구별하지 못했다

구름이 즐거울 땐
아름답게 뭉게구름으로 피어났고
누군가 보고프면 새털구름으로 피어나
아름다운 메밀꽃처럼 하늘에 뿌려져 수를 놓았다

어느 날 구름은
먹장구름을 한 얼굴로 봉우리를 찾아와
'널 사랑한다'라고 눈물을 흘리며
으르렁 고함을 쳤다

이에 놀란 산봉우리
소리 질러 먹장구름 내쫓았지만
도망칠 순 없었다

봉우리는 변하는 구름을 보고 연민하고
무시도 하고 때론 동정하고
하지만 자기도 모르게 구름을 사랑했다

구름 때문에
찬란히 떠 있는 햇살을 보기 어려웠다
어느 날 구름은 바람 따라
정처 없이 떠나갔다

구름이 사라진 후 외로운
산봉우리 불을 내뿜다 병이 들었다
그러나 구름과 산봉우리 만남은
우연이 아니고 필연이어서
먹장구름 봉우리에게 다시 돌아와
영원히 머무르며 사랑을 하며 살아간다

구름과 산봉우리의 상징적인 시. 인간의 남녀가 인연으로 만나 짝을 맺고 살아가는 얘기를 시로 씀. / 1997. 11. 28.

거울 속 세상

거울 속에
넓은 하늘이 걸려 있다

어느 때에는
좁고 큰 구름이 흘러가고

삐친 나뭇가지 사이로
큰 까치집을 짓기도 한다

때론
담을 수 없는 큰 세계를 담아서

내가 속해 있는
좁은 세계를 부끄럽게 한다

저 거울 속 먼 세계로
들어가 미지의 세계로 날고 싶다

거울에 비친 세상을 그대로 느낀 대로 쓴 시. / 1997. 11. 6.

아직도 네가 나를

안개비가 내리는 아침이면
가슴이 유난히 저려 옴은
아직도 네가 나를 놓지 않고 있음이라

가을 활짝 핀 국화꽃보다
시든 국화꽃에 눈이 가는 것은
너의 마지막 초라한 모습으로 인해
네가 나를 붙잡고 있음이라

들녘 바람이 차고
빈 들에 허수아비만 남겨졌을 때
유독 네가 한 말,
'나여! 허수아비여!'
라고 한 말

언젠가 내가 너를
기억 속에서 지울지도 모르지만
만나서 진정한 친구가 되길
지금도 학수고대해

신만이 아는 앞날
담담히 널 기다리며
네가 나를 붙잡아 주길 바라고 있어

고등학교 시절 내게 데미안 같은 친구가 있었다. 그 친구를 생각하며 쓴 시.
/ 1997. 10. 13.

학마을 순이

우리가 처음 만났을 때
너는 붉은 얼굴에 짧은 머리를 하고
조금은 통통한 모습으로
다소 커 보이는 가방을 메고
추운 교정에서 만났지

넌 언제나 솔직했고 용감했으며
뭔가 해야 할 땐 누구보다 솔선수범했지

어느 날 영어 시간에
청개구리 엄마로 변신해서
배꼽 잡는 웃음을 주어
먼 훗날 개그우먼이 되어
나타나는 줄 알았지
교사인 내게 무한한 희망 주었지

순이야
작별 인사도 없이 헤어져
너의 학교를 떠났지만
가끔 나를 찾아와 줬던 의리를 잊지 못한다

너는 언제나 현실에 충실했고
학마을 들판에 서 있어도 외롭지 않게 어울렸고
열무밭에, 담배밭에 있어도
넌 이 세상에 가장 아름다운 순수로
용감하게 살아 내었지!

너는 뚝심이 있으므로 세상으로 나가
싸우는 영웅이 되라고 네게 말했지
세상이 거친 것이라 마음은 아팠지만
순이야!
이 세상에 무엇과도 바꿀 수 없는
너의 순수와 용기가 있기에
너는 잘 싸워 이겼고
경찰이란 등대 되어 희망을 주고 있구나

남편 따라 경기도에서 경상북도 상주시로 도 간 교류해서 전근했던 적이 있다. 그때 상주여자고등학교에 복순이란 학생이 있었는데 영어 시간에 적극적으로 참여했다. 영어 시간에 연극에서 청개구리 엄마로 변신한 것이 너무 웃겨서 개그우먼이 될 줄 알았는데 경찰이 됐다. 복순이의 부모는 농사를 지었다. 상주여자고등학교는 상주시에서 가장 명문 있는 학교였는데, 내가 부모가 그리워 다시 고향인 경기도 여주로 전근을 가면서 제일 친했던 복순이랑 인사도 없이 떠나게 됐다. 지금은 여제자로서 경찰이 된 유일한 존재다.
/ 1997. 11. 8.

안개는 내리고

찬기 어린 안개가
잡은 핸들 위로 쏟아져 내린다

긴 머리 내리고 걷고 있는 저 소녀
이유도 없이 내 마음이 아파 온다

언젠가 안개 속에서 앞을 보며
안 보이는 세계를 두려워한 적이 있어

안개 속에서 아무것도 보이지 않기를
기대했던 날들도 있었지

고향 가는 버스 속, 안개 낀 산꼭대기에
오빠가 있는 공동묘지를 본 적 있다

다시는 찬 안개 맞으며 슬퍼하지 않으리라 다짐했건만
운명인지 숙명인지 고독의 그림자는 나를 떠나지 않고

안개는 결국 벌거벗은 나의 아픔을 진정 감출 수는 없으리
다만 조금은 감추어 줄 수는 있으리

내렸다 걷힐 안개 속으로
오늘도 운전대 위에서 울음을 삼킨다

안개 낀 아침에 차를 달리며 느끼는 복잡한 마음을 노래함. / 1997. 10. 17.

나의 비둘기 집

멀고도 알 수 없는 곳에서
가녀린 물줄기가 시작되었지만
난 근원은 모른다
근원을 알고자 애쓰지도 않았다

어느새 나는 근원을 알고자
조금씩 조금씩 관심을 두게 되었다

그 연못엔 비가 왔고, 눈이 왔고, 바람도 불었고
더러 해가 뜰 때도 있었다

이제 근원을 알아 가기에, 알면 알수록 외로움은 더하기에
마음의 여백은 더 커지고 있다

하지만 나의 비둘기 집으로 돌아가야 한다는 것을 안다
이들 비둘기가 주는 행복은 말로 다 형용할 수 없이 크다

아마 지금의 고독과 허무를 견디게 해 주는 것은 나의 비둘기들
그러함에도, 비둘기가 주는 기쁨이 나의 허무함을 다 덮지 못한다

난 비둘기 집에 안주하려 한다
하나, 언젠가 빈 둥지가 될 것을 알기에
슬픔과 공허가 아주 크다

남편 따라 경상도 상주까지 갔었는데 그 남편이 대전으로 가는 바람에 다시 떨어져 살게 되었다. 떨어져 살다 보니 젊은 시절에 많은 오해, 고민, 방황이 있었다. 비둘기들(어린 자식)을 위해 떠 있던 마음을 다잡고 자식에 대한 책임을 다하려는 모습이다. 약 30여 년 후 현재 자식이 성장하여 결혼하고 짝 만나니 빈 둥지가 되었다. 그 시처럼.
/ 1997. 9.